consigue la firma del autor

# PERSUASIÓN Y **PODER**

Primera edición: marzo 2024

Diseño de la colección: Emprenbooks
Corrección y edición del texto original: Jara Marín Vega
www.editorialvanir.com
De esta edición: Emprenbooks, 2024
Editor: Valen Bailon
Depósito legal: B 4739-2024
ISBN: 978-84-17932-87-9

Editorial Vanir
www.editorialvanir.com
prensa@editorialvanir.com
Barcelona

# FERNANDO MIRALLES

# PERSUASIÓN
# Y PODER

EmprenBooks

# ÍNDICE

# REGALO 1

¡Querido, lector!

Gracias por confiar en mí y adquirir este libro. Para agraceder tu apoyo, quiero ofrecerte un regalo especial.

He creado una clase exclusiva en la que comparto contigo las técnicas y estrategias que utilizo antes de hablar en público. Te enseño cómo tienes que prepararte de manera óptima antes de dar una charla, exponer un trabajo, realizar una presentación o impartir un taller.

Imagina la confianza que sentirás al dominar estas habilidades. Ya no tendrás que preocuparte por los nervios o la falta de preparación. Tras ver la clase, estarás seguro de ti mismo y listo para cautivar a tu audiencia, sea cual sea el contexto.

Para acceder a esta lección escanea el código QR que encontrarás más abajo o entra en el siguiente enlace:

https://fermiralles.com/ir/persuasion-regalo

# 1. INTRODUCCIÓN:

## EL PODER DE LA COMUNICACIÓN DE LOS GRANDES LÍDERES

¿**N**UNCA has pensado qué es lo que hace a la gente exitosa tan carismática y persuasiva? Los ves en televisión, en redes sociales, en pódcast y piensas: «Tienen a la gente escuchándolos con la boca abierta, y tampoco lo hacen tan distinto a mí...». Les ríen las gracias, consiguen los mejores acuerdos y prácticamente todo lo que se proponen se cumple. Muchos de ellos no solo son exitosos en sus respectivos campos profesionales, sino que, además, son brillantes conferenciantes. Sus charlas son las más vistas y siempre triunfan gracias a su comunicación.

¿Cómo lo consiguen? ¿Cómo hacen para saber qué decir para desbloquear una negociación cerrada? ¿Cómo logran sacar información a un directivo que no puede dejar de hablar y hablar transmitiendo datos que estaban reservada a la empresa, pero confía en ellos? ¿Cómo saben estas personas lo que te mueve, lo que te gusta y todos tus anhelos para darte exactamente las palabras que te satisfacen? Estas mismas preguntas que puedes tener en mente son las que también tenía yo hace algunos años. Cuando era adolescente, veía a actores, músicos y empresarios hacer el amor verbal a todos sus interlocutores y caía embobado también, presa de sus herramientas de comunicación.

Para algunos, es una cualidad natural que aplican desde pequeños, consiguiendo muchos resultados: favoritismos en clase, liderar grupos sociales, influir para que otros realicen sus planes… Sin embargo, el problema es que, para otros, no es nada natural, todo lo contrario. El simple hecho de pensar que, al comunicar, tenemos que ir con un listado de herramientas que hay que ir aplicando en tiempo real, mientras las palabras fluyen, y que estas pueden marcar la diferencia entre un «sí» en una negociación o un «no, gracias», abruma. Y es normal, pero te aseguro que se puede aprender y se puede interiorizar. Así fue mi caso.

Empecé a estudiar a los mejores oradores de la historia moderna: políticos, empresarios, directivos, *influencers*, líderes de opinión, etc. Aplicaba, siguiendo el método de prueba y error, los trucos que podía entrever en las pocas entrevistas que daban entonces —con un YouTube recién nacido—, y los resultados llegaron tan rápido que me asusté y hasta llegué a pensar que no era posible. Seguí estudiando y aplicando estos recursos, cada vez con más éxito. Estos me llevaron a competir y ganar once premios de oratoria, entre ellos el Campeonato de España de Oratoria, de Toastmasters International. Aun así, seguí estudiándolos y aplicándolos de forma incansable. En las conversaciones, se abrieron todas las puertas de empresas, instituciones, nuevos negocios... Más tarde decidí implementarlos también en redes sociales para desarrollar mi marca personal. Y, de nuevo, funcionó. En el momento en el que estoy escribiendo este libro, la suma de seguidores en todas las plataformas es de 2,5 millones, en un sector tan complejo como el de la enseñanza de la comunicación. Pero este no solo es mi caso.

He formado personalmente en las estrategias que voy a compartir contigo a personas que ahora son los número uno de empresas cotizadas. Empleados que iniciaron desde abajo y ahora son los que toman las decisiones en compañías que salen en prensa y lideran los índices bursátiles. Emprendedores que han conseguido crear audiencias enormes en sus redes, dueños de fondos de inversión que manejan una cantidad de recursos que no me dejarían ni dormir por las noches, directivos que desbloquearon operaciones millonarias con un simple cambio de enfoque en las negociaciones e incluso músicos ganadores de los mejores premios del mundo que han potenciado su mensaje y su carisma para seguir impactando con su trabajo. Estos alumnos mejoraron sustancialmente sus carreras profesionales con estas herramientas que tú también vas a poder aplicar.

He estudiado a los mayores referentes en el sector de la comunicación y del impacto social reciente. Personas que lideran todas las estadísticas y de las que se escriben libros en detalle por su forma única de ser y de actuar. Cada capítulo está dedicado al análisis de un personaje que, de algún modo, ha revolucionado el mundo (o su micromundo de influencia). Quiero que lo analices con mucho detenimiento y apertura de mente. Es posible que alguno de los personajes no te guste a nivel personal o emocional; no te preocupes por ello. La clave para poder mejorar y avanzar en tu aprendizaje es sacar tu emoción de la ecuación y centrarte en analizar de forma aséptica a estas personas, interiorizar sus técnicas y sacarles partido.

Eso sí, te aviso, vivimos en una era que oculta la realidad o la disfraza con el fin de no herir sensibilidades. En esta obra vas a leer elementos propios del ser humano que no vas a querer reconocer como ciertos, incluso pasarás por las cinco fases del duelo: primero negarás, luego te enfadarás, tratarás de negociar contigo mismo, te entristecerás y, finalmente, lo aceptarás. Sé que sucederá así porque lo veo en todos los alumnos que vienen a mis formaciones. No te preocupes, una vez que hayas pasado por las cinco fases, ya podrás poner en práctica estas herramientas y ver cómo los demás notan un cambio en ti y en tu forma de comunicar. Te deseo una buena lectura.

# 2. STEVE JOBS:

## LA INOCENCIA Y LOS PECADOS CAPITALES

Steve Jobs nació en San Francisco el 24 de febrero de 1955 sin saber que venía a revolucionar la historia de la comunicación y de la oratoria moderna. El cofundador de Apple, junto con Steve Wozniak y Ronald Wayne, destacó por su forma de comunicar, persuadir y vender desde muy temprana edad. Como bien explica Walter Isaacson en *Steve Jobs. La biografía*, con tan solo 12 años, Jobs, amante de la tecnología, necesitaba una pieza concreta para uno de los dispositivos que estaba construyendo. Al no encontrarla, se le ocurrió una idea que marcaría el transcurso de su vida, algo que muchos de nosotros no haríamos bajo ningún concepto. Buscó en la guía telefónica el número de Bill Hewlett, uno de los fundadores de Hewlett-Packard, líder tecnológico que ha perdurado hasta nuestros días.

En esa llamada demostró todas sus dotes de persuasión y consiguió no solo que Hewlett le diera la pieza que necesitaba, sino también que le ofreciera un empleo de verano en la empresa. Y todo porque en ningún momento pensó: «¿Qué dirán? ¿Qué van a pensar de mí?». La valentía de preguntar desde pequeño le llevó a conocer de manera cercana el mundo de la tecnología, así como a la persona con la que más tarde fundaría Apple: Steve Wozniak.

Analicemos por unos instantes el proceso que llevó a cabo el joven Steve Jobs para conseguir sus objetivos con tan solo 12 años. Lo primero que debe asombrarnos es su capacidad para aceptar un posible rechazo. Muchas personas no consiguen sus objetivos a la hora de vender o influenciar porque temen, por encima de cualquier cosa, que otra persona les diga «no». Y ese miedo al rechazo debería ser tratado de manera imperiosa. Por otro lado, cuando tienes un desafío, ¿piensas en ir a lo grande? Jobs podría haber buscado la respuesta en cualquier tienda de electrónica de la época, tratar de encontrar apoyo en sus familiares o conocidos… Pero no, él decidió ir a por la persona referente en su sector, ir directamente a por el líder. ¿Alguna vez has tratado de buscar a los mejores en tu sector y rodearte de ellos? En el momento en el que el joven Jobs descolgó el teléfono para preguntar por una pequeña pieza para un dispositivo, consiguió tener a uno de los mayores empresarios y líderes tecnológicos como amigo y mentor a lo largo de toda su vida.

Seguramente sin ser consciente de ello, Steve Jobs fue forjando las bases de un mundo lleno de persuasión, de círculos de conexión y de personas que irían orbitando alrededor de una visión que revolucionó el sector tecnológico allá donde puso el ojo: Apple primero y luego, Pixar, sus mayores aciertos. ¿Qué podemos aprender de él? ¿Qué herramientas podemos extraer para aplicarlas en nuestro día a día?

Sin entrar todavía en la etapa adulta de este personaje tan brillante, ya podemos obtener dos grandes aprendizajes respecto al mundo de la influencia: si quieres conseguir un éxito relevante, rodéate de la fuente. Con esto me refiero a que tienes que acercarte a aquellas personas que son los número uno en su campo y conseguir tenerlos en tu círculo cercano, pues el principal punto de influencia con el que vas a conseguir destacar en tu vida profesional va a depender directamente de tu círculo de poder. Jobs lo hizo de manera inconsciente cuando era joven, pero después lo fue aplicando en su carrera, codeándose con las mayores eminencias.

Esto es algo que no aplicó únicamente Steve Jobs. También le valió a otros líderes actuales como Satya Nadella (CEO de Microsoft), que trabajó en la empresa por más de 20 años y fue mentorizado directamente por los propios Bill Gates y Steve Ballmer. O a Alejandro Magno, hijo del rey de Macedonia, Filipo II, quien tuvo como profesor a Aristóteles. Thomas Edison, pese a no haber nacido en una familia adinerada, consiguió establecer vínculos directos con personas de poder como JP Morgan o Cornelius Vanderbilt. Leonardo da Vinci, protegido de la familia Médici. Maquiavelo, diplomático de la república de Florencia, o el propio Mozart, quien de muy joven ya tenía relación con la alta nobleza como el emperador José II y la emperatriz María Teresa.

Por tanto, si quieres obtener influencia en tu profesión, tienes que elevar el nivel de las personas con las que te rodeas. Esto no quiere decir que elimines a tus buenos amigos y a las personas que amas. Se trata de añadir a tu círculo nuevas personas de poder y bien relacionadas. Es un trabajo que tienes que realizar día tras día y con el que no tendrás un resultado inmediato. Al final, las personas que se encuentran en una posición de poder suelen encontrarse a la defensiva, ya que consideran que todos los que les rodean podrían estar acechando para obtener un beneficio de ellos. Pero ¿cómo se libró Jobs de esta barrera? A través de lo que he denominado *la jugada de la inocencia.*

Nadie ve como una amenaza a un joven de 12 años que quiere construir una pequeña máquina. Es una situación que incluso evoca cierta ternura. ¿Por qué? Por el mismo motivo por el que un bebé nos parece una *cosita* encantadora que queremos abrazar con fuerza y un señor con traje y corbata, que es un competidor directo, nos provoca rechazo y nos hace estar a la defensiva. Nuestro cerebro no considera una amenaza al bebé. En ningún momento percibimos que ese ser pueda atacar nuestro *statu quo*. En cambio, a una persona adulta que se enfrenta directamente a nosotros en cuestiones que nos importan, sí que la percibimos como una amenaza. Si quieres triunfar en el mundo de las relaciones de poder, uno de los elementos principales es conseguir que la persona con la que estás interactuando nunca te perciba como una amenaza, sino como un bebé. Tal cual lo hizo Steve Jobs al acercarse al señor Hewlett.

Otro de los puntos que Steve Jobs dominó a la perfección fue el ataque al ego de las personas. Esto es una situación muy divertida que he podido observar en muchas interacciones comunicativas entre personas de grandes empresas, emprendedores y también en políticos. Hay un momento en la historia de Jobs en el que utiliza esta técnica de manera magistral.

Era el año 1983 y Apple estaba creciendo a un ritmo frenético. La empresa no hacía más que vender y ganar cuota de mercado porque, entre otras razones, su estilo de liderazgo no era comparable al de otras compañías y su forma de actuar siempre era considerada *más profesional*. Jobs, que lo sabía, admiraba al entonces presidente de PepsiCo, John Sculley, quien había lanzado una serie de campañas de *marketing* que habían ayudado a incrementar la cuota de mercado y el éxito de la empresa de refrescos. Además de atraer ese talento para Apple, Jobs quería que Sculley le diera a la empresa de la manzana un toque más corporativo, más al estilo de una empresa tradicional. Por otro lado, la reputación de este directivo era muy elevada por aquel entonces, lo que sumaría credibilidad a la organización. Pero Jobs se enfrentaba a un problema: ¿cómo convencer a una persona para que abandone una de las mejores empresas del mundo donde tiene reconocimiento, poder y libertad? Era una situación difícil. Sin embargo, en una de las frases más destacadas de la biografía de este excepcional empresario, aparece la siguiente obra de arte: «¿Quieres vender agua azucarada el resto de tu vida o quieres venir conmigo y cambiar el mundo?».

Imagina poder ver la cara de John Sculley. Te crees el rey del mundo corporativo y, de repente, llega un tipo que prácticamente te insulta y menosprecia lo que estás haciendo. Las grandes empresas de refrescos te venden en su publicidad que estás comprando felicidad, alegría y buenos momentos. Una idea que, seguramente, hasta lleguen a creerse sus directivos. Pero, de pronto, recibe un ataque directo al ego y lo tambalea. Por otro lado, deberíamos haber podido escuchar el tono jocoso con el que Jobs habría hecho hincapié en la primera frase y el silencio posterior

—era un experto—, dejando que Sculley procesara el ataque suavemente y calara hondo en su orgullo. Además de hundirlo, le da un chaleco salvavidas prometedor, visionario e ilusionante: «O venir conmigo y cambiar el mundo». El contraste de la frase es impecable. Primero menosprecia y casi insulta el trabajo de John Sculley y, segundo, enaltece lo que hace Apple, llevándolo a un plano casi fantástico. Como te puedes imaginar, funcionó a las mil maravillas. Y, si conoces la historia de Apple, sabrás que, después de incorporar a esta persona, se produjeron una serie de desacuerdos entre ellos que incluso provocaron la salida de Steve Jobs de su propia empresa. No obstante, a pesar de este final tan amargo, la forma en la que Jobs consiguió herir el orgullo de su interlocutor para después aplicarle una pomada esperanzadora es algo muy bien implementado.

¿Por qué es tan efectivo? Las personas que se encuentran en posiciones de poder necesitan, en cierta medida, creerse los héroes de su propia película. De algún modo, todas esas personas que han conseguido el éxito, que han arriesgado y que han tenido la resiliencia necesaria para poder estar en el lugar en el que se encuentran, se han tenido que repetir en ocasiones frases como: «Soy el mejor», «Nadie lo hace como yo», «Menos mal que estoy en esta empresa», etc. Estas afirmaciones, lejos de suponer algo negativo, colocan a la persona en un plano más resiliente y capaz de aguantar las embestidas del día a día.

Si a todo ello sumamos el hecho de que revistas, periodistas, medios de comunicación en general, colaboradores y todo aquel ser que los rodea hablan de ellos de manera casi divina, no es de extrañar que se sientan superiores. Justamente por eso es tan efectivo el ataque al ego. Porque, con una sola frase, les das una bofetada de realidad a estos soñadores. Les bajas de la construcción social a la que se han visto sometidos y, desde ese momento, tienes el control de su ego. ¿Por qué? Porque muchos harán todo lo que sea necesario para demostrarte que te equivocas y que sí que son seres fantásticos. Por supuesto, otros conseguirán mantenerse alejados del hechizo, pero la gran mayoría caerán en las redes del primero que desafíe su ego de una manera bien estructurada.

Ahora bien, ¿cómo podemos saber qué es lo que mueve a una persona en una dirección concreta? ¿Qué es lo que hace que su ego se tambalee y quiera hacer todo lo posible por repararlo? Es más sencillo de lo que crees: los pecados capitales. Quizá te suenen por las religiones, y así es. Las religiones educan a la población para abstenerse y alejarse de ellos. ¿Qué interés pueden tener? Hasta hace relativamente poco, la mayoría de la población no sabía leer ni escribir. Toda la información que recibían era de manera oral. Además de utilizar pregoneros y otras figuras, en las ceremonias religiosas también se transmitía información sobre temas de salud pública, mensajes de los gobernantes, etc. En este contexto, estos pecados capitales se utilizaban para amansar a la población y evitar lo siguiente:

- **Soberbia.** La soberbia es considerada el pecado original y el más grave de los pecados capitales. Se refiere a un deseo excesivo de ser más importante o atractivo que los demás, o a una falta de humildad.
- **Avaricia.** La avaricia es el deseo insaciable de riqueza y posesiones materiales, a menudo a expensas de los demás. Es una búsqueda egoísta de satisfacer las propias necesidades y deseos sin considerar los de los demás.
- **Lujuria.** La lujuria es un deseo excesivo e incontrolable por el placer sexual o la gratificación sensual. Puede llevar a comportamientos destructivos o inmorales y a la explotación de los demás.
- **Envidia.** La envidia es el descontento o resentimiento causado por el deseo de las posesiones, cualidades o logros de otro. Puede conducir a la amargura, los celos y el odio hacia los demás.
- **Gula.** La gula es el consumo excesivo de comida y bebida más allá de lo necesario para satisfacer las necesidades del cuerpo. Puede llevar a la indulgencia excesiva y a la falta de autocontrol.

- **Ira.** La ira es una emoción intensa de enojo, resentimiento o indignación, que puede resultar en comportamientos agresivos o vengativos. Puede ser destructiva y conducir a la violencia, el odio y la hostilidad.
- **Pereza.** La pereza es la falta de voluntad para trabajar o hacer un esfuerzo, y una aversión al esfuerzo físico o mental. Puede llevar a la negligencia, la inactividad y la falta de ambición.

Estos siete pecados capitales nos permiten realizar una radiografía completa de la persona con la que estamos interactuando. Hay líderes políticos que se han hecho muy famosos por escándalos referentes a la lujuria; otros por su avaricia y corrupción; otros porque son capaces de salir ante los medios de comunicación para alabarse a sí mismos de forma continuada; deportistas célebres a los que les puede la ira y no son capaces de controlarse; personajes que se hicieron reconocidos en los medios por gastar el dinero de los contribuyentes en mariscadas y en personas de compañía (gula + lujuria); etc. La lista no es reciente e incluye desde la época de las orgías romanas hasta los comportamientos más animales en la actualidad. No obstante, esta reflexión no la planteo para hablar de lo mal que está la sociedad, ese no es mi trabajo. Mi trabajo se encuentra en indicarte que el ser humano apenas ha cambiado y que los deseos más primitivos siguen siendo los motores de las personas.

En el caso de John Sculley fue la soberbia, el pensar en su aportación al mundo y sentir que él, siendo tan importante, no podía dedicarse a «vender agua azucarada». Tenía que cambiar la historia. Hay otros muchos ejemplos, como el de Jordan Belfort, un gran estafador de la época de los noventa cuya historia se plasmó en la película *El lobo de Wall Street*. Su motivación fue la avaricia, y le podía la lujuria. Sucedió exactamente lo mismo con Bernie Madoff, una persona tremendamente exitosa en el mundo financiero a quien la avaricia llevó a estafar a miles de personas y condenar su propia vida. O Bill Clinton, expresidente de los Estados Unidos, que fue víctima de la lujuria al destaparse su aventura con su becaria, Mónica Lewinsky.

¿Cómo puedes aprovechar esto a tu favor? Muy sencillo y, a la vez, difícil. Tienes que analizar los pecados capitales que mueven a tu interlocutor, así como sus intereses más egoístas. Esto no solo nos sirve para atacar el ego de los demás. Nos permite dirigirnos al otro y decirle exactamente lo que quiere oír. Imagínate el poder que tendrías si eres capaz de decirle a los demás todo lo que quieren escuchar en el momento adecuado. Seguramente te convertirías en una de las personas más influyentes del mundo.

Otra de las herramientas que empleaba Steve Jobs no solo para influenciar a los demás, sino también para vender, es el *storytelling* (o el arte de contar historias). Si te fijas, las personas con más carisma del mundo, las que consiguen que cualquiera las escuche durante horas, son aquellas que dominan la trama y el drama. Jobs, al igual que estos exponentes que comentamos, dominaba a la perfección este arte y lo aplicaba tanto en su entorno cercano como en las presentaciones de productos que Apple organiza cada año, donde conseguía los mejores resultados.

En 1984, Apple iba a presentar el ordenador Macintosh original, uno de los primeros modelos que incorporaba una interfaz gráfica de usuario con ratón e iconos como carpetas. Además, tenía un diseño elegante y era más pequeño, cómodo y fácil de utilizar que los ordenadores de su generación. Ahora bien, si revolucionario fue este ordenador —aunque ahora nos parece de lo más normal— más revolucionario aún fue el *storytelling* que empleó Jobs a la hora de presentarlo.

Lo primero que hizo fue establecer un enemigo común, despreciable para la gran mayoría de las personas. En este caso, una corporación llamada Big Brother (Gran Hermano), que controlaba todo lo que la gente hacía y pensaba. Una historia que hacía referencia a la novela *1984*, de George Orwell, ya que el año de presentación del ordenador coincidía con su título. Una vez planteado ese escenario terrible al que se enfrentaba la humanidad en ese mundo distópico y lleno de control, Jobs aplicó un sorprendente contraste para ensalzar la tecnología. Convirtió el objeto, el Macintosh, en el héroe salvador que liberaría a la sociedad de la opresión, permitiéndole ser más creativa y expresarse libremente. Su forma de presentar las características del producto consiguió emocionar a la audiencia, favorecer la empatía y darle al ordenador un significado más allá de su propia función, pues parecía tener vida propia y un propósito.

Cuando quieras persuadir a alguien de que haga algo y desees aplicar el *storytelling*, recuerda que una historia será buena siempre y cuando el enemigo común que plantees al interlocutor sea de suficiente calado. Analiza a los políticos de tu alrededor. ¿Por qué cada partido tiene su propio enemigo? Para los de derechas son los comunistas. Para los de izquierdas, los capitalistas. Para los del centro, los extremistas. La lista podría seguir prácticamente hasta el infinito. Así que lo primero que tienes que hacer antes de diseñar tu historia es valorar cuál va a ser tu enemigo en común y analizar si es el adecuado para provocar un fuerte sentimiento de rechazo en tu audiencia. Aunque no solo tiene que generar rechazo, tu audiencia tiene que poder visualizarlo y sentir emociones negativas. Tiene que poder insultarlo. Tiene que poder personificarlo para poder criticarlo más. Tiene que caricaturizarlo y exagerar todos sus atributos hasta que quede una burda imagen, en absoluto real, pero ampliamente demonizada. Tu misión es conseguir generar un contraste radical con el mundo de esperanza que venderá la historia después, una vez que hayas hecho sufrir a tu público imaginándose un entorno escalofriante.

Jobs también aplicó el *storytelling*, aunque de una manera menos dramática, en su famoso discurso en la Universidad de Stanford. En esa intervención, que se posicionó como uno de los mejores discursos de la historia, motivó a los estudiantes de manera excepcional a través de tres grandes historias, cada una con su respectiva moraleja. En este caso, siguió el principio de *la estructura del esqueleto de la sardina* que comento en mi libro *Descubre el arte de hablar en público*.

Steve Jobs sabía a la perfección que, para poder conectar de una manera más consistente con su público, tenía que darle *carnada emocional*. Este término es el que utilizo cuando tenemos que incorporar grandes dosis de emoción dentro de nuestras presentaciones. Hay una frase que siempre comparto en mis formaciones: «Cuando la emoción entra por la puerta, la razón sale por la ventana». Si de verdad quieres persuadir a otra persona, conseguir más ventas e influenciar en su vida, la emoción es una pieza fundamental de la ecuación.

¿A qué emoción me refiero cuando hablamos de Steve Jobs? En el discurso de la Universidad de Stanford, Jobs narra una historia sobre un momento desagradable de su vida. Pero antes, un inciso, porque quiero compartir contigo algo que, aunque políticamente incorrecto, es plenamente efectivo. Por norma general, cuando algo en la vida te va bien, a la gente le da mucha rabia. Odian el hecho de que tú hayas logrado algo impresionante porque lo que están deseando, en realidad, es ser los protagonistas de ese éxito. Hace unos días, navegando por Internet, me encontré un ejemplo que me hizo reflexionar. Era la historia de un empresario exitoso que había conseguido cerrar una operación millonaria que le dejó una comisión descomunal. Al ver la cuenta del banco, con tanto cero a la derecha, el hombre decidió ir a comprar el coche de sus sueños. Cuando salió del concesionario, pudo apreciar cómo todas las personas de la calle giraban el cuello para observarlo y contemplar su éxito. Seguro que se están preguntando —pensaría él— cómo lo habré logrado. Sin embargo, la gente solo se hacía una pregunta: «¿Me vería bien yo en ese coche?». En ningún momento pensaron en la persona que lo estaba conduciendo, rápidamente se posicionaron ellos mismos al volante.

Por ello, si quieres conectar de verdad con alguien a la hora de construir una historia, asegúrate de contar por qué te va mal. Verás cómo la audiencia se excita. La mayoría de estas conversaciones van dirigidas desde lo malo, las miserias, y, si te fijas, podrás incluso ver en los ojos de quien te está escuchando una frase que aparece en su pupila: «Madre mía, está peor que yo. ¡Qué bien!». Tal vez pienses que exagero, y está bien que lo hagas, eres optimista. Sin embargo, como dice Ben Saphiro: «A los hechos no les importan tus sentimientos». Lo bueno es que estás leyendo este libro, que te va a permitir adaptar tu mensaje de forma correcta a tu audiencia.

Y ahora volvemos al discurso de Steve Jobs en Stanford, donde aplicó muy bien la estrategia de la miseria. Seleccionó tres momentos de su vida y en todos ellos incorporó un punto de drama. El primero, sobre su experiencia no tan agradable en la universidad, donde tenía que recurrir a opciones extremas como ir a comer al templo Haré Krishna de manera gratuita y devolver los envases de refrescos para poder ganar algunos centavos. En el segundo compartió el profundo dolor que sintió cuando lo despidieron de Apple, la empresa que él mismo había fundado. Lo dejaron arrollado y sintiéndose solo, aunque este evento traumático le llevó a fundar NeXT y Pixar, dos compañías innovadoras. Finalmente regresó a Apple con más fuerza que nunca y la convirtió en una de las corporaciones más grandes e influyentes del mundo.

Por último, Jobs explicó su experiencia al enfrentarse a un cáncer de páncreas. Puso mucha emoción en el diagnóstico y en cómo descubrir que iba a morir le hizo darse cuenta de la importancia de vivir al máximo. A pesar de las dificultades y el miedo, utilizó esta experiencia para reflexionar sobre su vida y centrarse en lo que verdaderamente importa.

A través de estas historias, Jobs sentó las bases emocionales y de empatía con su público. La audiencia puede empatizar mucho con este tipo de perfil: una persona que no consigue sus objetivos, que sufre y que llega incluso al límite humano. Sin embargo, le cuesta empatizar con el Steve Jobs milmillonario. Por eso Jobs aprovechó sus momentos más duros y utilizó el drama como recurso en la historia para explicar que justamente esas situaciones de sufrimiento son las que le llevaron, posteriormente, a alcanzar el éxito con las diversas compañías que fundó.

He diseñado una metodología que te va a permitir replicar a tu estilo lo que Jobs hacía de manera impecable. Se trata de algo que he compartido en mis formaciones presenciales y cuando trabajo con directivos a título particular.

## ¿Cómo crear una historia emocional que conecte de verdad con tu audiencia?

**PASO N.º 1.** Identifica los puntos de dolor que tiene tu audiencia en ese momento.

**Ejemplo 1:** mi audiencia es un joven estudiante que no sabe qué hacer con su vida.

**Ejemplo 2:** mi audiencia es un directivo que no sabe cómo decirle a su familia que lo han despedido de la empresa en la que lleva años trabajando.

**PASO N.º 2.** Identifica los puntos de satisfacción espejo. Los puntos de satisfacción espejo son exactamente el punto contrario al punto de dolor.

**Ejemplo 1:** mi audiencia es un joven estudiante que no sabe qué hacer con su vida, pero está tranquilo ya que, al final, se conectan los puntos y todo cobra sentido.

**Ejemplo 2:** mi audiencia es un directivo que no sabe cómo decirle a su familia que lo han despedido de la empresa en la que lleva años trabajando. No obstante, es consciente de que de las malas situaciones surgen oportunidades, y sabe que esto era lo que necesitaba para construir su nueva vida.

**PASO N.º 3.** Busca momentos de tu vida en los que compartes los puntos de dolor con tu audiencia. De este modo, verán en ti el dolor y el fracaso, y empatizarán con él.

**Ejemplo 1:** Jobs, estudiando en la universidad sin saber qué hacer de su vida, buscando comida gratuita y sintiendo que no estaba aprovechando el tiempo.

**Ejemplo 2:** Jobs, subiéndose al coche minutos después de ser despedido de la empresa que él mismo había fundado.

**PASO N.º 4.** Diseña una herramienta de transformación entre el punto de dolor y el punto de satisfacción. Responde a la siguiente pregunta: ¿Qué he hecho para pasar de estar hundido a estar muy bien?

**Ejemplo 1:** al crear Apple, entendió que lo que había aprendido en la universidad sobre caligrafía le había servido para llevar al mundo de la computación letras bonitas y basadas en un diseño agradable. Y todo ello potenció las ventas de sus productos.

**Ejemplo 2:** gracias a ser despedido, montó varias empresas (NeXT y Pixar, entre otras). Apple compró la primera y con la segunda consiguió revolucionar la historia del cine de animación.

Si sigues estos pasos, conseguirás que tu audiencia conecte más contigo y abrace esa solución que le planteas ante sus problemas. Es algo que he enseñado a muchos directivos y empresarios y te aseguro que el resultado es impresionante. El principal problema al que te puedes enfrentar es que tu orgullo no te deje compartir en público momentos vulnerables, pero, si quieres vender más e influenciar a las personas, debes dejar a un lado ese orgullo y aprovechar todos tus recursos.

# Resumen del capítulo

1. Para poder triunfar e influenciar a los demás, tienes que acercarte a la fuente, sumando a tu círculo de amistades personas de poder.

2. Para acercarte a los demás, puedes aplicar la jugada de la inocencia o el ataque al ego.

3. Con el fin de conocer lo que mueve a las personas, trata de analizar los pecados capitales en los que sucumbe. Esto te dará herramientas para poder motivarlas en una dirección de tu interés.

4. No hay nada que le guste más a la audiencia que poder visualizar a un enemigo común.

5. La audiencia no va a empatizar contigo siendo una persona de éxito, necesitas darle tus miserias para hacerle sentir que le va mejor que a ti.

6. Cuando la emoción entra por la puerta, la razón sale por la ventana.

# 3. DONALD TRUMP:

## EL ARTE DE LA AUTOPROMOCIÓN Y LA POLARIZACIÓN

Donald Trump, empresario de éxito, milmillonario y el 45.º presidente de los Estados Unidos de América, es una figura que ha sabido gestionar de manera excepcional su marca personal y la autopromoción. El control absoluto que ha logrado mediante diferentes elementos que vamos a analizar es, sin lugar a dudas, uno de los elementos que te van a llevar a conseguir más ventas e influenciar a los demás.

## El arte de la autopromoción

Donald Trump siempre tuvo claro que, si quería vender más y convertirse en una eminencia en su sector, debía forjar una leyenda a su alrededor, crear un personaje capaz de lograr unos resultados excepcionales gracias a un talento sin igual. Un objetivo que alcanzó con la publicación de su libro *The art of the deal*. En sus primeras páginas, ya puedes apreciar que, en su lista de contactos favoritos, tiene tres categorías: empresarios, políticos y personas influyentes en los medios de comunicación. ¿Te sorprende?

Trump dominó a la perfección una serie de elementos fundamentales en cuanto al posicionamiento de marca que aúnan las enseñanzas de Aristóteles y de Joseph Goebbels (ministro de propaganda de la Alemania nazi). Desde el inicio de su carrera decidió posicionarse como el mejor negociador, el que mejores acuerdos conseguía y, en definitiva, el tipo que podía ganar más dinero. Sin entrar en las dificultades de esas negociaciones, destinó una parte activa de su día a día a tener presencia en los medios de comunicación, pues sabía que, para conquistar sus ambiciosos objetivos, tenía que acercarse a donde está la gente. Esa es una gran verdad dentro del mundo de la oratoria y la persuasión, ya que, si tu mensaje no se escucha, de nada sirve. Por ello, si realmente quieres conseguir influenciar a los demás, tienes que dominar los medios, estar presente y, muy importante, controlar la narrativa.

En *The art of the deal*, Trump comparte una reflexión que sintetiza esta máxima: «Al contrario de lo que muchas personas puedan pensar, no me gusta aparecer en la prensa. Me han hecho las mismas preguntas un millón de veces y, particularmente, no me gusta hablar sobre mi vida personal. No obstante, entiendo que aparecer en prensa puede ser de mucha ayuda a la hora de cerrar acuerdos».

Así, solía conceder muchas entrevistas y siempre trataba de tener presencia en los principales medios de comunicación del país. Incluso creó su propio *reality* televisivo, *The Apprentice*, con el único fin de exhibir su poder y mostrar que hasta había personas *peleando* con tal de obtener un puesto en su empresa. Con esta jugada, Trump posicionó su marca (su apellido) como algo deseado e inalcanzable. Sin embargo, todo saltó por los aires al aparecer en escena algo que ha democratizado el acceso a los medios de comunicación: las redes sociales. Desde el primer momento, Trump se lanzó a comunicar su mensaje a través de ellas, aumentando su legión de seguidores y compartiendo una información que él controlaba directamente.

Este hecho demuestra que Trump comprendió la marca personal incluso antes de que los gurús empezaran a hablar de ella y, exponiéndose, logró consolidarla como una imagen de poder. No obstante, los medios de comunicación y las redes sociales introducen otro elemento fundamental en la ecuación: el principio de la repetición.

Para poder trabajar sobre este concepto, tenemos que retroceder en el tiempo hasta situarnos en la

Alemania nazi, época en la que Joseph Goebbels ocupaba el cargo de ministro de propaganda. Este genio de la manipulación de masas aplicó hasta la saciedad este principio, pues sabía que, si repetía un millón de veces una idea, la gente la acabaría asumiendo como verdad.

Trump reiteró constantemente que era el mejor consiguiendo acuerdos y negociando. Una autoafirmación que, de tanto emitirse, la sociedad ha terminado por creer. Esta técnica no solo la aplicó en su faceta como empresario, sino también en su carrera política, donde destacó y brilló utilizando herramientas de persuasión que lo llevaron directo a la Casa Blanca.

Antes de pasar al siguiente bloque, quiero que reflexiones sobre algunas cuestiones. ¿Has salido a contar todo lo bueno que tiene tu empresa en los medios de comunicación o en redes sociales? ¿Has empezado a construir una leyenda a tu alrededor? ¿Todavía te da pereza ponerte delante de los medios o inundar las redes sociales? Si eso sucede, recuerda que los grandes oradores y empresarios tienen un punto en común: todos han salido a compartir su mensaje de forma continuada, aprovechando la fantástica herramienta de la autopromoción. Y Trump, uno de los mayores empresarios de la era moderna que consiguió convertirse en presidente de los Estados Unidos, no es más que un ejemplo de ello.

# El genio del eslogan

El eslogan es una frase corta y memorable que ya se empleaba en la Antigüedad para transmitir al pueblo, con muy pocas palabras, una idea de una forma pegadiza que enganchara. Obama, a quien analizaremos más adelante, también empleaba muy bien esta técnica. Y es que el uso de eslóganes es muy efectivo tanto en el ámbito de la política como en el empresarial, pues, al aunar las emociones de tu audiencia en una sola frase, puede ayudarte a conseguir más ventas y más negocio. Pero ¿cómo construir un buen eslogan? A continuación, te enseño las mejores formas de crear uno que conecte a las mil maravillas con tu público objetivo.

## *Ambigüedad controlada*

Un eslogan que funciona es simple, directo y conciso. Un toque de ambigüedad puede hacer que sea más intrigante, pero también puede dar pie a la interpretación personal. Y, en este punto, conviene recordar que el objetivo de un buen orador es milimetrar el mensaje con el fin de que su audiencia conecte con él. Nosotros podemos controlar lo que decimos casi al 100%, pero no podemos controlar, en ninguna circunstancia, lo que la audiencia entiende. Ese es el problema de lanzar mensajes demasiado difusos. Sin embargo, cuando utilizamos la ambigüedad dentro de unos límites, la audiencia se siente más conectada, ya que puede asignarle su propio significado.

Hay tres palabras sujetas a la interpretación individual: responsabilidad, justicia y elección. Los políticos juegan mucho con ellas y consiguen resultados impresionantes. Aquí un ejemplo de un discurso ambiguo que permite la libre interpretación: «Las circunstancias no nos han dejado elección, pero como somos un partido responsable, tomaremos la decisión más justa para todos».

Si uno quiere triunfar en el mundo de las ventas y la influencia, no puede reconocer su culpa o que se ha cometido un error por parte de quien actúa. No. Piensa que uno de los motores más importantes de una persona es la libertad de elección (de comida, de pareja, etc.), por lo que, si las medidas a tomar son negativas, un líder no se puede permitir indicar que, de todas las opciones que ha tenido (incluidas las buenas), ha elegido esa en concreto, sabiendo que va a causar sufrimiento temporal. Sería un suicidio. Es como decir: «Querido pueblo, de todas las opciones que he barajado, he escogido la que más os va a afectar». ¿A que sería extraño? Sin embargo, si la noticia es buena… «¡Por supuesto que ha sido elección mía! ¿De quién si no?».

Por otro lado, la frase del ejemplo apela a la responsabilidad, un concepto totalmente diferente para cada persona. Imagina que te contratan para formar parte del equipo de trabajo de una consultora internacional. Llega la persona de recursos humanos y te dice: «Vamos bastante justos con un proyecto que se nos está alargando. Necesito que seas responsable y hagas lo que tienes que hacer». El poder de esta frase recae nada más y nada menos que en el receptor.

En definitiva, querido lector, tu visión de la responsabilidad es diferente a la mía. Y esta es la magia de la ambigüedad. Lo mismo sucede con la justicia. En los sistemas penales de todo el mundo siempre existe un debate en torno a las mejores formas de ajusticiar a una persona que ha hecho un daño a la sociedad. ¿Por qué, si la justicia es universal? Porque la interpretación de la justicia es diferente. Lo justo es relativo, y en la ambigüedad es donde se encuentra el poder.

Fíjate ahora en este eslogan que el Trump político —que nos enseñó muchas técnicas que puedes aplicar en tus negocios— empleó en su campaña presidencial de 2016: «*Make America Great Again*» (Hagamos América grande de nuevo).

Este eslogan permite múltiples interpretaciones sobre lo que significa la grandeza para América, permitiendo que diferentes personas se identifiquen con el mensaje. Para unos será el poder militar y, para otros, el patriotismo, bajar los impuestos o el sueño americano. Tengo que reconocer que este es uno de mis recursos favoritos. No se trata únicamente del eslogan, sino del poder de la ambigüedad. Nunca puedes equivocarte conectando con tu público cuando es él quien decide qué palabras pone en tu boca.

## *Juegos de palabras y metáforas*

El uso de juegos de palabras y metáforas es lo que convierte un discurso en algo aún más memorable y provocativo. Estos recursos son la guinda del pastel que todo eslogan necesita. No olvides que, para que tu audiencia conecte más contigo, tienes que conseguir que la emoción aflore. Con este ejemplo de Trump lo verás más claro.

*«Drain the Swamp»* (Drenar el pantano). En You-Tube, puedes encontrar varios vídeos de discursos de Donald Trump en los que el propio público grita el eslogan. En este caso concreto, Trump utiliza la metáfora del pantano para referirse a la corrupción del Gobierno. Esta imagen da poder visual a lo que pretende transmitir, que no es otra cosa que su intención de eliminar la corrupción y limpiar el sistema político. Pero no es lo mismo decir «Voy a eliminar la corrupción» que «Voy a drenar el pantano de la corrupción». Esta segunda opción es mucho más visual y, por tanto, facilita que la audiencia conecte con mayor emoción.

Muchos otros políticos y empresarios han empleado también metáforas y juegos de palabras en sus eslóganes. Sin ir más lejos, Bill Clinton, 42.º presidente de los Estados Unidos de América, utilizó el famoso *«Building a bridge to the 21st Century»* (Construyendo un puente hacia el siglo XXI). Un eslogan que se convirtió en un recurso muy visual para hablar de una campaña que se adentraba directamente en un nuevo siglo y que derivaría en una presidencia con elementos muy prósperos. Simbólicamente, los milenios y los siglos representan el progreso de una sociedad, un recurso al que supo sacarle partido. Además, habló de construir un puente hacia el siglo XXI. Por supuesto que no se puede levantar una pasarela para llegar hasta él, pero ese símil es una referencia directa a su gestión en la presidencia para guiar al pueblo americano hacia un futuro esperanzador.

El general Douglas MacArthur también pronunció un eslogan muy famoso durante la guerra de Corea: «*There's no substitute for victory*» (No hay sustituto para la victoria). En su discurso, el general hacía hincapié en que cualquier resultado que no fuera una victoria —ya fuera un acuerdo o una negociación—, sería un absoluto desastre para los aliados y para Estados Unidos. Aquí, hay que entender el contexto que plantea un conflicto tan complejo como la Guerra Fría, que supuso un enfrentamiento sin cuartel entre dos ideologías (comunismo contra capitalismo) que, debido a la tensión política y la amenaza del estallido de una nueva Guerra Mundial, no daba opción a un pensamiento diferente.

Ahora bien, ¿cómo podrías aplicar estos eslóganes con metáforas en tu negocio o en tu día a día profesional para conseguir vender más? Evidentemente, no todos vamos a ser presidentes de un país ni vamos a participar en guerras, pero existen otras formas de llevarlo a la práctica en el mundo de la empresa. Por ejemplo,

Marlboro utilizó un eslogan espectacular cuando aún estaba permitido hacer anuncios de tabaco: «El sabor de la libertad». Es una frase muy poderosa, ya que deja entrever a su audiencia que fumarse un cigarrillo la llevará a saborear los beneficios de sentirse más libre, más independiente.

## *Contraste y paradoja*

Incorporar elementos de contraste o paradoja hace que un eslogan sea más impactante e incluso provoca la reflexión en la audiencia, ya que, al presentar ideas opuestas o contradictorias, genera un impacto que puede llamar la atención y estimular el pensamiento crítico. Una buena muestra sería: «*Promises Made, Promises Kept*» (Promesas hechas, promesas cumplidas). Este eslogan presenta un contraste entre las promesas que hacen los políticos y su cumplimiento. La paradoja reside en que, a menudo, no cumplen su palabra, aunque Trump afirma que él sí lo hace.

## *Ritmo y cadencia*

El mejor eslogan es aquel que puede ser cantado. Así que, si quieres que tu eslogan se quede siempre en la mente de tu público, al construirlo, tienes que prestar atención al ritmo y la cadencia. «*Build the wall*» (Construir el muro).

Este eslogan de Trump tiene un ritmo y una cadencia simple y fácil de recordar. La repetición de la letra ele en *wall* también crea cierta musicalidad, lo que lo hace más memorable.

## *Apelación a la autoridad o a la tradición*

Un eslogan que se basa en la autoridad o la tradición puede transmitir un sentido de legitimidad y continuidad. Además, vincular el mensaje con figuras o instituciones respetadas puede aumentar su efectividad e impacto. *«Law and Order»* (Ley y orden) es un buen ejemplo. Al enfocarse en la importancia de mantener la ley y el orden en la sociedad y subrayar estos valores, Trump transmite un sentido de estabilidad y control en un mundo que puede parecer caótico e incierto.

# Sin miedo al enfrentamiento y a la controversia

Nadie logra llegar al poder y tener una presencia mediática que origine más ventas sin cosechar enemistades. Fíjate en todas las personas que han conseguido una influencia relativa en sus respectivos campos. A medida que empiezan a ascender en la jerarquía de la percepción social, se ganan sus primeros *haters*. Y es en ese momento cuando uno se da cuenta de que esos detractores son una excelente señal de que las cosas van por buen camino. Normalmente, los empresarios son muy asustadizos ante cualquier tipo de polémica, porque existe una creencia extendida de que la controversia es mala y, por tanto, hay que evitarla a toda costa. Dependiendo del estómago de la persona, hay polémicas y polémicas.

Donald Trump ha conseguido muchos de sus logros por una realidad. Si pudiéramos colocar a un lado de la balanza a sus detractores y al otro, a las personas que aman lo que hace, es muy probable que ninguno pese más que el otro. Esto es porque Trump ha dominado la controversia y la polarización, consiguiendo tener un 50% de personas que lo adoran y un 50% que no pueden ni verlo en una foto.

Analicemos su jugada. ¿Si hubiera sido políticamente correcto, habría salido siempre en la portada de todos los medios internacionales? ¿Si hubiera evitado decir las cosas que piensa, por muy polémicas que fueran, habría llegado directamente a la presidencia? En absoluto. Trump decidió meterse de lleno en el juego del enfrentamiento saliendo vencedor. Ahora bien, es un juego peligroso que hay que ser capaz de manejar con arte. Es muy posible que encuentres resistencia, pero lo que obtendrás será fantástico.

Lo más importante a la hora de posicionarte correctamente a un lado de la balanza de la opinión y conseguir generar polémica es definir con precisión a qué público te estás dirigiendo. Imagina que estás tratando de vender un coche deportivo de lujo y polarizas abogando por la austeridad y la reducción del consumo de combustibles fósiles. No tiene mucho sentido. Pero, si tienes una empresa que se dedica al sector de vehículos eléctricos de alto rendimiento y promocionas la idea de disfrutar de una experiencia de conducción emocionante y ecológica, entonces te estás dirigiendo a un público que valora la innovación y el cuidado del medioambiente. De manera que polarizar en el debate sobre vehículos eléctricos frente a vehículos de combustión puede ayudarte a generar interés y a atraer a consumidores que compartan tus valores y preferencias.

Crear un enemigo en común, muy visual, también te ayudaría a alcanzar este objetivo. En este caso, serían todos esos *desalmados* que siguen utilizando vehículos que, con cada kilómetro recorrido, están ahogando a las futuras generaciones a cambio de simple comodidad. Todo ello te llevará a que los que comparten tu visión te amen más que nunca porque estás luchando por una meta común. Te posicionarás como el líder que necesitaban y al que no habían encontrado todavía.

Eso sí, tienes que ser consciente de que a las personas que no opinan como tú no les causarás buena impresión porque, indirectamente, les estarás atacando a ellos. O incluso directamente, según se mire. La cuestión es que, como se sentirán identificados con el malo de tu versión, reaccionarán de una forma negativa hacia ti. Pero eso es bueno. ¿Sabes por qué? Porque de lo malo se habla mucho más que de lo bueno. La ira tiene la mecha mucho más corta que la percepción positiva hacia algo y, cuando alguien odie tu versión, tratará de hacérselo saber a todo el mundo. Tienes que quitarte la venda y dejar de pensar que, si hablan mal de ti, todos van a pensar mal. Esto no es correcto. Es como si estuvieras contratando a una persona para que se encargue de divulgar tu mensaje. Cuando llegue a los oídos correctos, justamente a aquellos que valoran tu visión, calará de forma positiva en ellos. Todos los demás no son tu público objetivo, no forman parte de tu estrategia, por lo que, para ti, deberían ser simples motas de polvo a las que todavía no les has pasado el plumero.

## La confianza en sí mismo

Uno de los aspectos positivos más destacados en el estilo comunicativo de Donald Trump es su habilidad para la autopromoción de sus logros y éxitos, transmitiendo una enorme confianza en su trabajo. Podríamos decir que incluso se admira a sí mismo, ya que, entre los mensajes que proyecta a su público, se incluye la idea de que todo marchará bien bajo su gestión.

El 16 de junio de 2015, en su discurso inaugural de campaña presidencial, afirmó: «Seré el mayor productor de empleo que Dios ha creado jamás». Este tipo de declaraciones son muy potentes porque, desde el primer momento, muestran a tu audiencia una profunda confianza en ti mismo. Una confianza que se transmite y que también tu público puede sentir. El estilo de Trump es muy directo y, en numerosas ocasiones, afirma ser la única persona capaz de resolver ciertas situaciones, por lo que lo más recomendable es hacerlo de manera sutil.

En otra ocasión, concretamente el 14 de marzo de 2013, la cuenta de Twitter de la revista *Forbes* compartió un fragmento de un discurso suyo en el que afirmaba: «Soy el único candidato que puede hacer esta promesa: evitaré la Tercera Guerra Mundial». Independientemente de si puede o no cumplir su promesa, es un compromiso de alto nivel. Hablamos de la prevención de una guerra global. Aprovechó su intervención para hablar del temor y de que se encontraban en la peor situación de la historia, presentándose como el único capaz de salvar el escollo. No obstante, lejos de posicionarse como alguien egocéntrico y autoendiosado, lo que logra es que su público perciba una tremenda confianza en sí mismo y, por ende, confíe en él.

La autoestima se contagia y tú, como líder, comunicador, vendedor o empresario, debes ser capaz de realizar autopromoción, confiar en ti mismo y transmitirlo a los demás. Dicho esto, si prometes resultados, es crucial que luego seas capaz de alcanzarlos. De lo contrario, cavarías tu propia tumba a la misma velocidad con la que habrías expandido tu leyenda.

# Resumen del capítulo

1. Para llegar a un público más amplio, es primordial establecer un área de especialización en la que te consideres un experto y desees comunicar esa superioridad. En el caso de Donald Trump, su fortaleza radicaba en la negociación; ahora tú debes identificar cuál es la tuya.

2. Una vez que hayas determinado en qué eres un especialista, debes difundirlo al público. Para ello, es fundamental mantener una excelente relación con los medios de comunicación. Durante la era de Trump, los medios tradicionales como radio, prensa y televisión eran los predominantes. Sin embargo, en la actualidad, las redes sociales ofrecen una oportunidad única para destacar tu conocimiento y habilidades excepcionales de una forma más sencilla y económica.

3. Aplica el principio de la repetición y comunica constantemente tu mensaje central a través de todos los formatos y canales posibles para llegar a un mayor número de personas.

4. Para lograr un mayor impacto en el público, es esencial desarrollar un eslogan propio. Los

lemas no son solo herramientas empleadas por políticos, sino que también pueden aplicarse en el ámbito empresarial para incrementar las ventas y posicionar una idea en la mente de tu audiencia de una forma sencilla y efectiva.

5. La controversia controlada debe ser tu aliada. Donald Trump demostró que ser polémico tiene sus ventajas. Esto provoca que aproximadamente el 50% de las personas lo admire y el otro 50% lo desprecie. No obstante, él se enfoca en el 50% que lo apoya, logrando así una base de seguidores muy sólida.

6. Las declaraciones de autoconfianza son fundamentales, puesto que constituyen un poderoso recurso de persuasión. Al lograr transmitir por qué eres el mejor y cómo alcanzarás tus metas, la audiencia te percibirá de esa forma. Sin embargo, es vital tener en cuenta que, si cumples esas promesas, tu leyenda crecerá; pero, si no lo haces, dicha leyenda se desvanecerá en el mismo instante en que fue pronunciada.

# 4. BARACK OBAMA:

## EL PODER DE LOS ENEMIGOS Y EL *STORYTELLING*

**B**ARACK OBAMA, el 44.° presidente de los Estados Unidos, es mundialmente conocido por su excepcional habilidad como orador. A lo largo de su carrera política, sus discursos inspiradores y elocuentes, como el célebre *«A More Perfect Union»* y el de la Convención Nacional Demócrata de 2004, le permitieron ganarse el apoyo de millones de personas y destacarse como un líder carismático. Obama cuenta con logros notables —como el Premio Nobel de la Paz—, pero también está rodeado de aspectos controvertidos, como las más de 20 000 bombas lanzadas en 2016.

¿Cómo construyó su leyenda este impecable orador que no deja a nadie indiferente? ¿Podrías aplicar sus técnicas para influenciar más en tu propio negocio o en tu vida profesional?

## El poder de la repetición y de la anáfora

El 27 de julio de 2004, Barack Obama pronunció un discurso en la Convención Nacional del Partido Demócrata en el que utilizó la siguiente frase: «No hay una América liberal y una América conservadora; hay Estados Unidos de América. No hay una América negra, una América blanca, una América latina y una América asiática; hay Estados Unidos de América». ¿Qué tiene de especial? Vamos a analizarla en detalle.

Obama fue un presidente caracterizado por dirigirse a los distintos colectivos de Estados Unidos y unirlos bajo un mismo sentimiento. En este caso, el mensaje es claro: no existen divisiones y todos forman parte de un mismo país. Pero el poder adicional de esta frase reside en el uso de un recurso literario muy bien empleado: la anáfora.

La anáfora consiste en repetir las mismas palabras al comienzo de varias oraciones consecutivas, como en: «Me gusta jugar. Me gusta leer. Me gusta pintar». Esa repetición de «me gusta» en cada oración, se utiliza para enfatizar las actividades que se disfrutan. Barack

Obama lo que hace es repetir la idea de que no hay distinciones. Este recurso le sirve para que la audiencia sienta orden y cohesión. Además, la musicalidad que produce la repetición genera una cadencia muy melódica. A todo ello hay que sumar su gran voz y el fantástico uso de las pausas, con lo que consigue que su discurso te atrape desde el primer momento casi como si fuera un eslogan.

Te recomiendo ponerlo en práctica. Cuando estés haciendo presentaciones de ventas, discursos o, simplemente, comunicándote con tu cliente, trata de ver la forma en la que puedes crear esa musicalidad mediante una anáfora. Te pongo un ejemplo que podría aplicar al hablar sobre mis formaciones de oratoria: «Con mi formación en oratoria, superarás el miedo a hablar en público. Con nuestra formación en oratoria, construirás puentes para conectar con tu audiencia. Con nuestra formación en oratoria, ganarás confianza para brillar en el escenario. Con nuestra formación en oratoria, descubrirás el poder de tu voz».

Aquí, lo único que he hecho es replicar la anáfora tal y como la planteaba Barack Obama. Como puedes ver, es un mensaje que puede encajar perfectamente en cualquier discurso, aunque esta técnica también puede ser empleada de una forma menos poética y más enfocada a un discurso real de ventas o una reunión uno a uno.

De este modo quedaría más cercano: «Con nuestra formación en oratoria, aprenderás a hablar sin miedo.

Con nuestra formación en oratoria, conectarás fácilmente con la gente. Con nuestra formación en oratoria, te sentirás seguro al presentarte. Con nuestra formación en oratoria, sacarás el máximo provecho a tu voz».

También podríamos decir: «Con nuestra formación en oratoria, aprenderás a hablar sin miedo, te conectarás fácilmente con la gente, te sentirás seguro al presentarte y sacarás el máximo provecho a tu voz». Por supuesto que sería correcto, pero, al exponerlo así, estaríamos perdiendo la musicalidad y el poder que tiene el hecho de reforzar que es gracias a nuestra formación en oratoria. Un aspecto que tiene que quedar claro desde el primer momento y que suma muchísimos puntos a la hora de conectar con la audiencia y grabar en su cerebro la idea de que esto es lo que la va a llevar a conseguir todos los beneficios que estamos planteando.

A diferencia de las técnicas que hemos analizado de Donald Trump, más centradas en el medio y largo plazo, esta puedes implementarla inmediatamente para aprovechar su potencial. Un buen ejercicio para poder empezar a trabajar este recurso es escribir un pequeño listado con al menos cinco repeticiones que crees que podrían tener cabida en tu día a día. Piensa en las palabras que podrías utilizar para iniciar cada oración haciendo uso de la anáfora y pregúntate en qué situaciones o puntos de tu negocio y/o de tu vida profesional podrías aplicarlas. Una vez que tengas este listado, te recomiendo que lo pongas en práctica y lo desarrolles según el ejemplo anterior. Un pequeño truco: utiliza la parte inicial de la frase, la repetición —ya sabes que puedes darle un toque poético—, para dejar claro qué es lo que haces, el cambio que experimentarán; y la parte final, para resaltar el beneficio de lo que tú ofreces.

# Historias personales y anécdotas

Obama es un maestro del uso de las historias personales y de las anécdotas para cautivar a su audiencia. Sin embargo, uno de los problemas a los que se enfrentan los políticos y, en general, las figuras de poder es el hecho de que suelen ser percibidas como personas bastante alejadas de la realidad.

Cuando compartimos experiencias personales, queremos que quienes nos escuchan se conecten con lo que estamos contando. Y para eso es clave presentar los momentos difíciles o emocionantes de manera que la audiencia sienta que también podría vivirlos en primera persona. Por ejemplo, si tú identificas que tu público tiene problemas a la hora de gestionar sus finanzas, tendrás que contar una historia personal en la que hables sobre situaciones a las que tú mismo te enfrentaste anteriormente con relación a esa dificultad.

De esta manera, tu audiencia estará analizando y reflexionando sobre su propia vida a través de tu mensaje. Barack Obama lo hacía de una forma excelente. De hecho, en el discurso que lo catapultó al poder —el ya mencionado discurso de la Convención Nacional del Partido Demócrata de 2004— empleó varias historias personales que consiguieron crear lazos de empatía con la audiencia. Concretamente, planteó cinco historias:

1. Historia de su padre.
2. Historia de su madre.
3. Historia del origen de su nombre.
4. Historia de su encuentro con un soldado.
5. Historia de su interacción con los trabajadores y sus familias.

En cada una de ellas, encontramos la siguiente fórmula mágica, con la que logra empatizar con su audiencia.

## Convertir los problemas de tu audiencia en puntos de dolor que tiene tu personaje principal

Para construir una historia efectiva, tienes que identificar antes los puntos de dolor de tu audiencia. Estos suponen una categoría superior a los problemas, pues, mientras que estos últimos apuntan a la parte racional de algo por resolver, los puntos de dolor trabajan desde el plano emocional. Veamos la diferencia a través del ejemplo de Obama.

En las cinco historias anteriores, Obama planteaba los siguientes problemas:

1. Dificultades que tuvo su padre, nacido en Kenia, en condiciones muy humildes, para prosperar.
2. Las vivencias de su abuelo materno, que trabajó muy duro, en circunstancias complejas, pasando penurias económicas.
3. La realidad de un soldado que se vio obligado a alistarse en el ejército, con todos los desafíos que eso conlleva.
4. En cuanto a los trabajadores, presentó diferentes escenarios: la pérdida de puestos de empleo en una fábrica de Galesburg (Illinois) que trasladó su sede fuera del país, las complicaciones de un padre de familia desempleado para pagar los medicamentos y los obstáculos de una joven estudiante de Saint Louis (Misuri) para costear sus estudios pese a tener excelentes calificaciones.

A partir de estos problemas identificados, fue atando cabos de manera general para conectar emocionalmente con su audiencia y destacar los desafíos que sus políticas buscan resolver:

1. Con la historia de su padre, Obama quería mostrar que él entiende y se preocupa por las personas que han tenido que luchar contra la adversidad en situaciones difíciles, como los inmigrantes, ya que su propio padre tuvo que superar muchos obstáculos como tal.

2. La familia de su madre también tuvo que trabajar duro en condiciones precarias, enfrentando dificultades económicas, una historia con la que incide nuevamente en el mismo punto.

3. En Estados Unidos, el patriotismo tiene un peso importante, por lo que no es sorprendente que Obama mencione al ejército. Las políticas a las que hace referencia en su discurso buscan valorar y reconocer el trabajo que los soldados hacen por su país.

4. Con la historia de los trabajadores de la planta que se va del país, Obama conecta con su política de aumentar el salario mínimo y mejorar las condiciones de los trabajadores con ingresos bajos. En cuanto al padre que pierde su trabajo y tiene dificultades para pagar los medicamentos, Obama utiliza este problema para promover lo que luego se conocería como *Obamacare*, una medida que beneficiaría a muchas personas. Por último, a través de la joven de Saint Louis defiende políticas que garanticen una educación asequible y accesible para todos.

Una vez identificados y desarrollados los problemas racionales, buscando siempre la conexión con la audiencia para potenciar, en este caso, sus programas electorales, llega la hora de focalizar en los puntos de dolor. Para ello utilizo una fórmula propia: Tú + Verbo en presente + Los cinco sentidos.

Este recurso es muy efectivo y puede emplearse de distintas maneras dependiendo de la conexión que se quiera establecer con el público. Obama opta por despersonalizarse, ya que no quiere adoptar un papel demasiado emocional y, en su lugar, utiliza la siguiente estructura: Personaje + Verbo de acción + Sentido o elemento que evoca una emoción.

Nuestra mente funciona de tres maneras: visual, asociativa y emocional. La historia de que el padre tuvo problemas económicos que lo llevaron a emigrar parece, de entrada, demasiado abstracta y genérica para despertar la empatía de la audiencia. En cambio, al decir que el padre se crio en Kenia, cuidando cabras, el impacto es mucho mayor. Nuestro cerebro puede visualizarlo, asociarlo y, además, es emocional porque, en general, los trabajos que no son del sector terciario suelen ser vistos como más intensivos en esfuerzo y sacrificio.

Luego viene la magia, cuando, tras trabajo duro, disciplina y perseverancia, consigue una beca. Esto es lo que quiere potenciar: gracias a su persistencia, su padre, que antes cuidaba cabras, finalmente logra prosperar. Así, aprovecha para impulsar el sueño americano recalcando que esa es la tierra de las oportunidades. Argumentos que también le sirven para introducir su programa de becas y apoyo al estudiante.

Con la historia de su madre y su abuelo, vuelve a resaltar los mismos puntos poniendo el foco de nuevo en la parte emocional y en esa búsqueda de oportunidades y de un futuro mejor. Aquí, además, introduce un nuevo elemento. Cuando menciona que su abuelo era cocinero, utiliza un tono despectivo al especificar que preparaba alimentos para los soldados británicos durante la ocupación de Kenia. Este recurso le sirve para crear un enemigo común y empatizar con la audiencia, dando a entender que el abuelo, además de ser muy trabajador, estaba siendo oprimido.

En su discurso destaca, especialmente, una frase que va a resonar mucho con su público: «En una América tolerante, tu nombre no es una barrera para tu éxito». De este modo, y al hilo de la historia de sus antepasados, conecta con una gran parte de la población de Estados Unidos que cree que todo está determinado por la familia y que el nombre es algo que te limita. Tanto sus padres como él mismo son un ejemplo de que se puede romper esa barrera, una idea que sintoniza perfectamente con su público.

Por eso no es casualidad que haga lo mismo con el resto de las historias y personajes que trae a colación. Es una herramienta que funciona realmente bien porque el público está deseando etiquetarse dentro de una categoría o un grupo. Incluso los más rebeldes quieren formar parte del grupo de los inconformistas. Irónico, ¿verdad?

Buscando la conexión a través de este tipo de historias, puedes provocar tres efectos distintos: que la persona empatice sintiéndose parte del grupo que has dibujado, que empatice sintiéndose parte de otro grupo (lo que le da mucha perspectiva) o que no empatice en absoluto porque se siente más alineado con un grupo antagónico. Independientemente de qué alternativa de las tres se produzca, existe un triunfo, porque te acerca a tus objetivos.

Al igual que otros líderes políticos y grandes comunicadores de todos los tiempos (Marco Aurelio, Jesucristo, Martin Luther King, Nelson Mandela, etc.), Obama es un genio empleando las historias. La mayoría de las que trascienden son precisamente aquellas con las que el público empatiza. Por lo tanto, para conectar de una manera impecable con tu audiencia, no puedes olvidar los tres grupos de arriba. Teniendo clara esta idea, ahora toca generar un enemigo en común que le va a dar la riqueza necesaria para aunar a tu público en una dirección concreta, con pasión y fervor.

## El enemigo en común descafeinado

Obama es un experto en el uso del enemigo en común descafeinado. Otros oradores famosos como

Donald Trump o el propio Steve Jobs señalan a una persona, colectivo o entidad, para generar confrontación y unión al mismo tiempo. Sin embargo, Barack Obama utiliza esta técnica con otro objetivo en mente. Lo que hace es señalar causas genéricas con las que la mayoría de la población está de acuerdo y a las que, en realidad, solo sus detractores pueden oponerse.

Obama, por ejemplo, dibuja los problemas de atención sanitaria como enemigo en común. Nadie en su sano juicio puede estar en contra de mejorar las condiciones del sistema de salud. El verdadero conflicto está en las diferentes vías para llegar a su resolución, ya que, en función de la ideología de cada cual, se propondrán fórmulas más o menos dispares.

Y lo mismo con otros temas cruciales a los que también pone de enemigos:

1. **Injusticia y desigualdad racial** («*A More Perfect Union*», discurso sobre la raza en Philadelphia, 2008).
2. **Extremismo violento** (aceptación del Nobel de La Paz, 2009).
3. **Cambio climático** (discurso de graduación de la Academia de la Fuerza Aérea de los Estados Unidos).
4. **Problemas de atención en el ámbito de la salud** (discurso en el Congreso sobre la reforma sanitaria, 2009).

**5. Desafíos económicos y financieros** (discurso sobre el estado de la Unión, 2013).

Todos ellos son enemigos genéricos que no hacen daño a nadie y sumamente difíciles de desmontar. La retórica es impecable. Con este tipo de recursos, genera una barrera psicológica de cuestiones políticamente correctas hablando desde la barrera. Cuando hablas desde ahí, te posicionas como una persona que tiene una causa noble, pero que no señala directamente al culpable. Las ventajas son claras, así como sus desventajas. Mientas que Donald Trump, Steve Jobs, Pedro Sánchez y Santiago Abascal, entre otros, sí crean enemigos en común bien señalados, es difícil encontrar este comportamiento en Obama, quien solamente señala al Estado Islámico en algunos de sus discursos.

# Resumen del capítulo

1. Para conseguir tus objetivos comunicativos frente a las masas, no puedes obviar el poder que tiene la musicalidad y la emocionalidad en tu público. Las anáforas son un recurso fantástico para poder generar esa melodía que necesita tu mensaje para ser transmitido. Tu público tiene que ser capaz de repetir las ideas principales cuando no esté pensando en ti, como si fuera una canción que está tarareando en la ducha.

2. Para aprovechar el poder de las anáforas y de la repetición, prepara un listado de cinco repeticiones pegadizas que sumen a tu mensaje.

3. Uno de los recursos que llevó a Obama a La Casa Blanca fue el uso de las historias personales. Tienes que encontrar historias tuyas o de tu entorno cercano con las que tu público se sienta identificado.

4. No es lo mismo un problema que un punto de dolor. Si quieres llegar al corazón de tu audiencia, tienes que construir de forma magistral puntos de dolor.

5. Los puntos de dolor siguen la fórmula: Tú + Verbo en presente + Los cinco sentidos (y el sexto, adicional).

6. Cuando diseñes esos puntos de dolor, recuerda trabajarlos sobre la base de los problemas que quieres solucionar de tu audiencia gracias a tu idea, producto o servicio; de este modo, se sentirán reflejados.

7. La audiencia tiene la imperiosa necesidad de pertenecer a un grupo social. Puede sentirse parte del grupo social del personaje de tu historia, donde la empatía se encuentra a un nivel máximo; puede sentirse parte de otro grupo superior o inferior al de tu personaje y experimentar empatía, celos, envidia o lástima por él; o puede sentirse parte de un grupo completamente antagónico y en conflicto. Las tres opciones son buenas.

8. Si quieres generar enemigos en común sin polarizar demasiado, puedes aplicar la técnica del enemigo en común descafeinado. Señala un gran elemento crítico con el que nadie puede estar en desacuerdo, pero nunca señales a nadie más.

# 5. ELON MUSK:

## CÓMO CONVENCER DE ALGO «IMPOSIBLE»

ELON MUSK, fundador y CEO de SpaceX y Tesla, es mundialmente conocido por su visión del futuro. A lo largo de su carrera empresarial, sus anuncios innovadores y sus ambiciosos proyectos, como el plan de colonizar Marte y la creación de coches eléctricos autónomos, le han permitido ganarse el apoyo de millones de personas y destacarse como un visionario infatigable. Este emprendedor cuenta con logros notables, como lanzar con éxito el Falcon Heavy, el cohete más poderoso en funcionamiento, y revolucionar la industria del automóvil con vehículos eléctricos de alto rendimiento. Pero también ha tenido momentos controvertidos, como los comentarios en Twitter que causaron fluctuaciones en el mercado de criptomonedas o las opiniones de antiguos trabajadores de sus empresas. ¿Cómo construyó su leyenda este emprendedor fuera de serie? ¿Podrías aplicar sus técnicas de comunicación para persuadir a tus empleados, amigos y familia?

Elon Musk no es un orador tan bueno como Steve Jobs, Barack Obama o Donald Trump, a los que ya hemos analizado en este libro. Ellos tienen un magnetismo de grandes oradores, así como técnicas y recursos que te dejan con la boca abierta, principalmente en grandes escenarios o de cara al público. Musk no es así. Elon es una figura muy tímida y reservada que tiene el síndrome de Asperger, lo que afecta a su capacidad de socializar. ¿Por qué analizarlo entonces? Por una razón muy clara: ha conseguido que varias centenas de personas crean en una visión irreal y prácticamente imposible en su concepción, como la del desarrollo de una empresa rentable de vehículos eléctricos de adopción masiva o la de emplear cohetes reutilizables a una fracción del coste de los que utilizaba la NASA. En otras palabras, porque ha logrado provocar una revolución masiva y un cambio de tendencia en la industria automotriz, y cientos de millones de personas en todo el mundo siguen su estela.

## El mundo Elon

Uno de los elementos más persuasivos de Elon Musk es su habilidad para meterte en su propio universo mental. Es capaz de hablar contigo y hacerte creer que todo es posible. Algo parecido a lo que pasaba con Steve Jobs en Apple, que conseguía infundir certeza a las cuestiones que son de plena incertidumbre. ¿Cómo lograba Musk convencer a los demás de que lo imposible sería posible?

La primera estrategia proviene de una visión que va más allá de lo económico, con objetivos que son nobles. Por ejemplo, en su presentación en la Universidad de París en 2015, Musk habló sobre la importancia de la energía sostenible para el futuro de la humanidad. «Tengo cinco hijos y me preocupa el tipo de mundo que les vamos a dejar», manifestó. ¿Por qué esto es poderoso? Porque evita los pecados capitales. No apela a la codicia —aparentemente— y no apela a la soberbia —aunque tiene un ego considerable, tal y como se explica detalladamente en la biografía escrita por Ashlee Vance—. Y esto es lo que más funciona dentro de una visión.

*Grosso modo*, las masas no quieren conectar con alguien que solo está buscando más dinero, acumulación material, perpetuarse en el poder o que el mundo admire lo que hace. No. El mundo odia estas cualidades, pero no porque sean malas *per se*, sino porque es muy improbable que la mayoría de los mortales llegue a esa posición. Las estadísticas juegan en su contra. No todos van a ser ricos, no todos van a ser poderosos, no todos van a ser admirados. Y eso el ser humano lo odia, porque le da envidia.

Por tanto, siempre se les va a atacar por aquello que no es *noble*. Entonces, Elon Musk potencia su visión hacia un lado bondadoso, aunque esto no implica que no tenga sus detractores. Al final, una persona que consigue empresas tan exitosas y un nivel de patrimonio exageradamente elevado, solo por la apariencia, va a generar polémica superficial, sin profundizar en la persona. Y él, que lo sabe, siempre habla por sus hijos.

Fíjate en la jugada. Ni el envidioso más envidioso ni la persona más incapaz de asumir una responsabilidad en su vida, podrían estar en contra del mensaje de Musk de querer dejar un mundo mejor a sus hijos. Imposible. Si critican ese mensaje único se convertirían en desalmados. Es el comodín de la baraja. Muchos de ellos atacarán a Musk diciéndole que no, que en realidad sus intereses son otros, pero entonces estarían desviando la atención hacia otro argumento.

Cuando proyectes tu visión empresarial al mundo, no dudes en jugar ese comodín al estilo de Musk —queriendo o sin querer—. Proyecta que esto va más allá de tu propio ser: tus hijos, la humanidad, los demás. La gente quiere trabajar al lado de personas que no solo satisfacen su ombligo. Quieren un propósito mayor, quieren formar parte de una batalla que trascienda. ¿Por qué? Por ego, por soberbia. Así que, ¿quién eres tú para negarles formar parte de esa lucha? ¿Por qué quieres que estas personas no sientan que están trabajando por algo mayor que ellos mismos? Dáselo. Construye esa visión y haz que se sientan protagonistas de un rescate propio de las mejores películas, que, en este caso, no es otro que salvar a los hijos de la destrucción del mundo por el calentamiento global.

En 2013, durante la D11 Conference, Musk compartió su visión para SpaceX: «Quiero morir pensando que la humanidad tiene un futuro brillante. Si tenemos una colonia en Marte, será mucho más probable que sobrevivamos a un desastre en la Tierra. (...) No tenemos una alternativa en este momento. No existe otro plan». Aquí ya no solo salva a sus hijos, ahora está auxiliando a toda la humanidad. Y esto funciona sobremanera porque está dando a sus trabajadores la posibilidad histórica de poder formar parte de algo excepcional, de algo sobrehumano. De ser una pieza clave en la conquista del espacio y de salvar a la humanidad de sí misma. ¿No crees que vale la pena dejarse la piel por un propósito que *salvará* millones de vidas? La realidad es que sí.

Tu objetivo es conseguir que las personas de tu alrededor sientan que están dejándose la piel construyendo una catedral. Hay una parábola que me gusta mucho y que ilustra a la perfección este tema.

La historia cuenta que un viajero se encontró con tres obreros que estaban trabajando en la construcción de una catedral. Se acercó al primer trabajador y le preguntó qué estaba haciendo. El trabajador respondió: «Estoy tallando piedras». Luego se dirigió al segundo y le preguntó lo mismo. «Estoy construyendo una pared», contestó. Finalmente, el viajero se acercó al tercer trabajador, que estaba haciendo exactamente lo mismo que sus compañeros. Pero, cuando le preguntó qué estaba haciendo, este afirmó: «Estoy construyendo una catedral».

¿Cómo puedes conseguir que las demás personas se metan en tu mundo? Voy a compartirte algunos pasos que puedes aplicar en la vida cotidiana:

1. **Define tu visión.** Lo primero es tener una visión clara y ambiciosa para tu proyecto o empresa. Esto debe ser algo que te apasione y que tenga un impacto significativo. Por ejemplo, si diriges una pequeña empresa de energía solar, tu visión podría ser acelerar la transición hacia la energía renovable en nuestra comunidad o, por potenciarlo hacia un extremo, conseguir que la población no dependa de un tercero que controle su energía. Es cierto que no es lo mismo que llevar a la humanidad a Marte, pero hay que adaptarlo a las circunstancias de cada uno.

2. **Comunica tu visión.** Una vez que tienes clara tu visión, debes comunicarla de manera efectiva a todo tu entorno. No basta con que esa imagen esté en tu cabeza, tienes que ponerle palabras para compartirla con los demás.

Eso sí, es importante que vaya más allá de lo profesional. El mensaje tiene que calar en todas las personas de tu alrededor. Musk es un maestro en esto, y difunde constantemente su visión a través de discursos, entrevistas y redes sociales. Tanto es así que cualquier persona de su entorno cercano a quien le preguntes te va a decir que está profundamente obsesionado con lo que sea que está desarrollando en ese momento. Ese es el objetivo.

3. **Como también se puede intuir en este tipo de perfiles**, Musk debe de estar completamente entregado y obcecado con sus metas. Sin embargo, ha habido otras personas que no han sabido aplicar este enfoque de manera sostenible, aunque lo hicieron muy bien inicialmente, llegando incluso a ser portada de la revista *Times*. Te hablo de Elizabeth Holmes, de Theranos, y Adam Neumann, de WeWork. Dos emprendedores que aplicaron esta misma estrategia de manera no ética. Construyeron una visión y la comunicaron de manera excepcional. Engañaron y embelesaron a inversores y a medios de comunicación, que mordieron el anzuelo y convirtieron estos castillos de naipes en empresas milmillonarias. Con el tiempo, las empresas no pudieron sostenerse y acabó saliendo a la luz su mala fe. Estos han sido los casos de las personas que fueron des-

cubiertas, pero ¿cuántas otras han comunicado una visión concreta al mundo y en círculos cerrados son de otra manera? O más peligroso todavía, ¿cuántos de ellos son capaces incluso de ocultarla a su círculo cercano?

4. **Haz que los demás sean parte de tu visión.** Una vez que has comunicado tu visión, debes hacer que las personas se sientan partícipes. Esto implica dar a las personas de tu alrededor roles y responsabilidades que se alineen directamente con tu visión, y hacerles sentir que su trabajo contribuye a algo más grande. En el ejemplo de la empresa de energía solar, podrías asignar a cada miembro del equipo una región o barrio específico en el que trabajar, para que puedan ver el impacto tangible de su trabajo en la comunidad. Es importante que puedan obtener resultados medibles y palpables. Musk lo lograba con cada uno de los lanzamientos, que tenía en vela a todo su equipo en diferentes lugares.

Independientemente de si forman parte de tu equipo de trabajo, de tu familia o de tu grupo de amigos, aplicar este tipo de recursos va a permitir que se alineen con tus objetivos, quieran o no. Tienen que visualizarse en concreto. Para ello, hay un truco muy interesante, que es pedir un pequeño favor tras dar contexto. Volvamos al caso de la pequeña empresa de energía solar.

Imagina que estás en una comida familiar donde quieres concienciar a tus parientes sobre la importancia de las energías limpias. Podrías comenzar hablando sobre el estado actual del medioambiente y la urgencia de la transición hacia energías renovables. Una vez que expliques la importancia global, podrías compartir cómo tu empresa está contribuyendo a esta transformación y cómo, al hacerlo, estás trabajando para un futuro más sostenible para todos. Para poder conectar con ese propósito mayor del que hablábamos anteriormente, incluso puedes especificar que cada panel solar instalado significa menos dependencia de los combustibles fósiles y una mayor protección de nuestro planeta para las generaciones futuras.

Una vez plasmado el contexto, llegaría el momento de aterrizarlo a sus intereses egoístas. Por ejemplo, podrías comentar a estos familiares y amigos cómo sus propias acciones, como la decisión de instalar paneles solares en sus hogares, pueden formar parte de esta visión más amplia. Pero, como es un paso importante y costoso, no vas a pedirles directamente un gran cambio. Sería como pedir matrimonio a la chica que te acabas de encontrar en el semáforo. Primero le pides el número de teléfono, es decir, un *favor*.

Para que funcione, tienes que hacer una petición pequeña que permita a todos tus familiares y amigos participar directamente en la visión, sin gran coste por su parte. Podría ser algo tan sencillo como pedirles que compartan una publicación en redes sociales sobre los beneficios de la energía solar o que hagan un test sobre lo que ahorrarían con una placa fotovoltaica en casa.

Esta estrategia funciona de maravilla al hacer que la gente se sienta parte de algo más grande que ellos mismos y proporcionar un pequeño paso de acción tangible. Este pequeño paso es clave, porque ya ha generado tracción en esa dirección concreta y los hace más susceptibles de abrirse a un nuevo favor más adelante.

## Yo no te obligo, tú te obligas

Una de las metas más importantes dentro del mundo de la comunicación es conseguir que las demás personas ejecuten las acciones que nosotros deseamos, haciéndoles creer que son ellos quienes están tomando la decisión voluntariamente. ¿Por qué es esto efectivo? La realidad es que, por la soberbia que caracteriza al ser humano, no nos gusta recibir órdenes de los demás. Siempre queremos tener la última palabra y dominar la escena que se está representando. Pero el mundo no es tan sencillo, pues siempre hay intereses personales y grupales que van a desembocar en una búsqueda del convencimiento de los demás para ejecutar acciones que nos interesan. Elon Musk tiene una estrategia que le ha funcionado muy bien a la hora de comprometer (que no obligar) a personas altamente capaces a desarrollar trabajos prácticamente imposibles de conseguir en un tiempo y forma especialmente ajustados.

En la biografía escrita por Ashlee Vance, Brogan BamBrogan (antes Kevin Brogan) explica cómo operaba Elon Musk a la hora de pedir el cumplimiento de las tareas: «En los casos en que un administrador tradicional fija la fecha de entrega para un empleado, Musk orienta a sus ingenieros para que hagan suyas las fechas que él quiere. No dice: «Tienes que tener esto listo el viernes a las dos». Dice: «Necesito que se haga lo imposible para el viernes a las dos, ¿puedes hacerlo?». Entonces, cuando respondes que sí, no estás trabajando al máximo porque él te lo ordenó; estás trabajando al máximo por ti mismo. Es una diferencia notable. Te has comprometido a hacer tu propio trabajo».

Así, cuando Musk quiere conseguir que un empleado haga algo en un tiempo que le parece imposible incluso para él, que siempre pone unos plazos muy ajustados, nunca le dice: «Tienes que hacer esta tarea para el martes a las once de la mañana». Sabe perfectamente que esto sería percibido como una imposición y que no generaría la reacción esperada. La persona que recibe el mensaje puede llegar a pensar: «Imposible, está loco, no creo que pueda lograrlo». Y es normal, no ha habido consenso en la fecha propuesta, por lo que el receptor puede escudarse en que Musk no conoce en detalle lo que implica la operación a desarrollar y, en definitiva, en que no está siendo justo ni certero con la fecha.

Ahora bien, Musk tiene una estrategia mucho mayor. La he denominado *la técnica CAC* (Contexto, Anclaje y Compromiso). Imagina que Elon quiere conseguir que un diseñador jefe le entregue unos diseños para el jueves a las cinco de la tarde. Sabe que es una fecha ajustada, pero quiere lograr que su diseñador se comprometa. Para ello, lo primero que establece la técnica CAC es el contexto: «Estamos a punto de conseguir uno de los mayores contratos con la NASA para llevar suministros a la estación espacial internacional. Supondría un antes y un después en esta empresa, puesto que ya tendríamos algo de pulmón financiero para poder aguantar los próximos años desarrollando el Falcon Heavy». Con esta frase, Elon ya plantea el contexto necesario para hacer entender a la persona que escucha la importancia de lo que se está tratando.

Después de poner contexto, pasaríamos a la parte de anclaje. Esta es, quizá, la más delicada porque aquí es donde Musk le pide ayuda: «Y justamente por eso necesito que tengas la documentación lista para el jueves a las cinco —aquí hace el anclaje y ahora procede a apostillar su importancia—. Es estrictamente necesario puesto que, si no se entrega la documentación a tiempo, este proyecto podría no salir adelante, con las consecuencias terribles que esto podría tener».

Ahí ya está el anclaje situado, dando paso a la fase del compromiso: «Sabiendo la importancia que esto tiene, ¿crees que podrías tenerlo para el jueves a las cinco?». ¡Magistral! Ahora mismo le ha dejado a la persona que recibe el mensaje una enorme carga de responsabilidad. Y es ella, en este caso el diseñador jefe, quien tiene que responder si lo va a hacer o no. Es una estrategia de manipulación en toda regla por la deuda moral que le genera a la otra persona. Si cree que no puede cumplir de manera sana con el objetivo planteado, la carga de responsabilidad recae sobre él, puesto que —aparentemente— por su culpa no se va a conseguir el contrato. Si es una persona con un mínimo de responsabilidad no va a querer decir que no a un proyecto de semejante calibre y tratará de encontrar formas de poder llevarlo a cabo.

La respuesta natural de este diseñador jefe sería: «Sí puedo». Porque está deseando decir que sí. El anclaje realizado y el contexto, sumado a la visión global de un proyecto magnífico, implica una respuesta normalmente positiva. Y así es cómo Elon Musk compromete a sus empleados más brillantes a cumplir con metas de esfuerzo y de trabajo sobrehumanos. Como puedes apreciar, la clave aquí es conseguir que sea la propia persona quien te diga que puede hacerlo. Ahora es ella quien tiene la obligación de cumplir, no porque se lo haya dicho Musk, sino porque ella misma se ha comprometido. Al responder a esa pregunta, la persona ya se ha condenado al objetivo planteado.

La técnica CAC es una herramienta muy sencilla de aplicar si sabes combinar bien tus palabras, y los resultados son impresionantes. Para conseguir aplicarlo en tu día a día tienes que llevar a cabo estos pasos:

1. **Definir lo que vas a pedir.** Tienes que determinar cuál es la llamada a la acción que vas a solicitar. Puede ser que recojan a tus hijos del colegio, que entreguen un documento importante, lo que tú decidas.
2. **Definir el contexto.** Una vez que tienes claro qué es lo que vas a pedir a la otra persona, para que la llamada a la acción funcione, tienes que definir el contexto. Puedes decirle que tienes una visita de negocios importante que puede suponer un ascenso, un salto que marcará un antes y un después en tu carrera, y que vas a estar fuera de la ciudad tan solo unos días.
3. **Definir el anclaje.** Ahora es momento de ver qué anclaje conecta el contexto con la llamada a la acción. Siguiendo el ejemplo, podría ser: «Necesito que recojas a mis hijos del colegio los próximos días y se queden contigo, puesto que, si no, voy a perder esta oportunidad única».

Con estas tres piezas definidas ya podrías establecer la técnica CAC. Hilando todos los puntos anteriores, tu discurso podría ser algo así: «Pedro, la próxima semana tengo una visita de negocios importante que puede suponer un ascenso en mi carrera. El nuevo jefe de Recursos Humanos quiere conocerme para plantearme una opción. Los resultados son buenos, y seguro que deriva en una mayor tranquilidad de vida en el futuro. Es un salto importantísimo que marcará un antes y un después en mi carrera. Lo único es que tengo que irme de la ciudad unos días. Necesito que recojas a mis hijos del colegio y que se queden contigo. Así podré concentrarme al máximo en esta oportunidad y no estropearlo todo en el último momento. ¿Crees que podrías hacerme el favor?».

La manipulación sucede cuando entiendes perfectamente —e incluso puedes anticiparte— el proceso de pensamiento de la mayoría de las personas. Cuando uno sigue la técnica CAC paso a paso, consigue que la otra persona se crea culpable de que tú no logres tu propósito. No es culpa suya en absoluto, puede ser, simplemente, que no hagas bien tu trabajo; pero, con esta técnica, haces que la otra persona se suba al barco contigo.

Podemos potenciarlo aún más, aunque no recomiendo aplicarlo siempre porque es ciertamente más agresivo. Para el ser humano es mucho más fácil decir no que sí. Decimos no prácticamente de manera automática. ¿Cómo podemos emplear esta configuración por defecto del lenguaje a nuestro favor? Muy sencillo, buscando que la persona pueda responder con un no a nuestra pregunta. En lugar de decir «¿Crees que podrías hacerme el favor?», lo que guiaría a una respuesta afirmativa, puedes cambiarlo por un «¿Habría algún problema en que pudieras hacerme este favor?». De entrada, la persona te querrá decir no, que, en realidad, es un sí a tu planteamiento. Además, al añadir el término «favor», también estamos condicionando, porque el ser humano siempre tiende a querer hacer algo por lo demás. Es una pequeña solicitud de limosna moral.

# Resumen del capítulo

1. Uno de los recursos más importantes en el liderazgo de un proyecto es conseguir que la otra persona se sumerja dentro de tu mundo, de tu amplia visión.

2. Para conseguirlo, tienes que posicionarte hacia un prisma de lo noble, evitando los pecados capitales de beneficio propio y lanzando un mensaje de que estás haciéndolo por los demás, por el mundo o por un propósito mayor.

3. Cada persona a la que consigas meter en tu mundo tiene que sentir que está construyendo una catedral. Es tu labor ejemplificarle y detallarle, de la forma lo más visual posible, que está contribuyendo a algo grande. En el momento en el que lo sientan, lo darán todo.

4. Para poder aplicarlo en tu vida cotidiana, tienes que seguir tres fases:

   a) Definir tu visión.
   b) Comunicar tu visión.
   c) Hacer que las personas se sientan parte de esa visión.

5. Para conseguir que se internen dentro de esa visión, puedes pedirles un pequeño favor tras aplicar el contexto.

6. Para hacer que las personas hagan algo, no se lo pidas, haz que se ofrezcan.

7. La técnica CAC (Contexto, Anclaje y Compromiso) es un recurso muy valioso para que hagan lo que les pides.

# 6. DAVID GOGGINS:

## EL SECRETO PARA CONECTAR A TRAVÉS DEL DOLOR

DAVID GOGGINS, miembro retirado de los SEAL de la Marina de Estados Unidos y excelente orador motivacional, es conocido mundialmente por su impactante habilidad para impulsar a las personas más allá de sus límites percibidos. A lo largo de su carrera, su historia de superación personal y sus logros físicos, como pasar tres veces por el infame Hell Week de los SEAL y completar carreras de resistencia extremas como la Badwater 135 y la Ultraman World Championships, le han permitido inspirar a millones de personas y consolidarse como una figura imponente de fortaleza y resistencia.

Este personaje tan inspirador cuenta con logros notables, no solo por haberse convertido en miembro del exclusivo grupo de los Navy SEAL, sino también por transformar su vida y pasar de sobreviviente de abuso y obesidad a atleta de élite y autor *best seller*. Asimismo, ha enfrentado momentos de prueba, desde la superación de lesiones físicas hasta la confrontación de sus propios demonios internos. ¿Cómo construyó su leyenda este motivador excepcional que desafía lo que se considera humanamente posible? ¿Podrías aplicar sus técnicas de comunicación y resiliencia para motivar a tus empleados, amigos y familia a seguirte más allá de sus límites personales?

## Honestidad brutal

Uno de los elementos clave que se resaltan en la oratoria de esta nueva era es la habilidad de ser brutalmente honesto. En un mundo saturado de filtros de Instagram, redes sociales y otras formas de representación azucarada de la realidad, la honestidad y la transparencia conectan de manera significativa con la audiencia, especialmente cuando se tiene una historia de superación tan intensa y desafiante como la de Goggins.

En innumerables conferencias y en su libro *Can't Hurt Me*, Goggins discute abiertamente cómo creció en un ambiente profundamente abusivo, en el que su padre no solo lo golpeaba, sino que también lo obligaba a trabajar durante largas horas. Incluso llegó al punto de quedarse dormido en clase debido al cansancio y a padecer obesidad. Él no elude ningún detalle y expone todos sus puntos débiles sin reservas.

Cuando una persona se atreve a mostrarse abierta y transparente, narrando sus circunstancias y problemas con tal grado de claridad y comunicación efectiva, el mundo comienza a trabajar a su favor. Esta forma de expresarse, este tipo de honestidad brutal es algo más que una técnica de oratoria; es un medio para conectar con los demás a un nivel más profundo, demostrando que todos somos humanos y, como tal, todos tenemos nuestras luchas. Esta franqueza resuena con las personas y las inspira a enfrentar sus propios desafíos con valentía y determinación.

En *Can't Hurt Me* afirma lo siguiente: «Al terminar el espectáculo, volví al baño, me enfrenté al espejo y me quedé mirándome fijamente. Era todo lo que los detractores en casa decían que sería: sin educación, sin habilidades reales para la vida, cero disciplina y un futuro sin salida. La mediocridad habría sido un gran ascenso. Estaba en el fondo del barril de la vida, acumulándome en las heces, pero, por primera vez en mucho tiempo, estaba despierto».

¿Recuerdas la última vez que hablaste así de ti mismo acerca de alguno de esos momentos en los que has sufrido y vivido situaciones complicadas?

Seguramente no, porque intentas dar una imagen lo más perfecta posible. Y créeme, todos pecamos de ello. Siempre queremos mostrar nuestra mejor versión por miedo al qué dirán, pero, cuando uno tiene un pasado complicado y ha vivido situaciones duras y complejas, exponerlo te hace más humano y admirable.

David Goggins se ha convertido en el mesías de una gran parte de la población, generando, por supuesto, sus detractores y personas que se oponen a su visión. Pero las personas que le aman ven a alguien honesto que ha sido capaz de darle la vuelta a una situación prácticamente irreversible. Él, que tenía todas las condiciones en su contra, ha aprovechado la comunicación para revertirlas, enseñando a otros a hacerlo.

En la entrevista que Jay Shetty le hace en su pódcast (*David Goggins: ON his relationship with pain | On Purpose Podcast EP. 7*), comparte algunas situaciones que conectan mucho con su audiencia. Por ejemplo, esta afirmación con la que no se queda a medias tintas: «Tenía que ser una conversación realmente honesta en el espejo de la responsabilidad. ¿Adivina qué? Estaba gordo. No busques una palabra más amable para decir que has ganado algo de peso. No, estás gordo». Este tipo de conversaciones provoca una reacción total en la audiencia, ya que no dirige esa honestidad brutal hacia el oyente, la transmite hacia sí mismo. Es como el humor. El mejor humor que uno puede emplear es hacia sí mismo, puesto que nadie puede sentirse ofendido.

Goggins ha creado una historia de héroe de manual. Aunque antes se encontraba en una situación mala, con trabajo y disciplina se ha posicionado como un héroe en su mundo, una figura que inspira a otros a seguir sus pasos aun teniendo, como él, todas las cartas en su contra.

Para ejercer esta honestidad brutal, lo primero que necesitas es retroceder en tu historia personal y desenterrar esos episodios donde te hallabas en condiciones adversas. Tal como mencioné antes, Goggins atravesó una etapa en la que se encontraba físicamente al borde del colapso, mentalmente devastado y viviendo una existencia que iba más allá de la mediocridad. En resumen, una vida casi infernal. Tienes que encontrar esos periodos en los que te viste al borde del abismo; todos los tenemos. Ahora bien, debes considerar si deseas abrir ese capítulo al mundo.

Compartirlo con los demás y exponerte te permitirá protegerte de ataques, de descubrimientos incómodos y de chantajes emocionales, porque tú mismo habrás planteado tu historia y la estarás usando como una fortaleza. ¿Por qué? Porque esos problemas ya están superados. Gracias a esa narrativa que estás dispuesto a desvelar, ya no te encuentras en el lado negativo de la balanza. En resumidas cuentas, emplear esta brutal honestidad es beneficioso. Eso sí, para que la estrategia funcione, no puedes minimizar tus problemas diciendo «Tenía un ligero problema de sobrepeso» o «Me hallaba en una situación difícil». No, debes admitir que estabas obeso y que eran circunstancias realmente complejas. Necesitas acentuarlo.

Aquí tienes otras ideas, clasificadas por temas, para que lo entiendas mejor:

- **Problemas de salud.** No te limites a decir «Tenía problemas de salud» y expón toda su crudeza: «Estaba luchando contra una enfermedad crónica que ponía mi vida en peligro cada día, una lucha constante que requería medicación continua y vivir en un estado de alerta permanente».
- **Dificultades económicas.** En lugar de decir «Pasé por un bache económico», expresa tu ansiedad: «Viví en la precariedad más absoluta, teniendo que elegir entre pagar el alquiler o llenar la nevera; cada euro que conseguía tenía un destino marcado en mi lucha por sobrevivir».
- **Adicciones.** No suavices la situación con «Tenía un problema con la bebida»; admítelo: «Fui esclavo de la botella, un hábito que me controlaba y empañaba mi existencia, haciendo de cada jornada una guerra contra mi autodestrucción».
- **Relaciones tóxicas.** No digas simplemente «Estuve en una mala relación», narra tu an-

gustia: «Fui prisionero de una relación tóxica que me absorbía día tras día, una relación que minó mi autoestima y mi felicidad, y que me llevó a perder mi propia identidad».

- **Desempleo.** No te limites a decir que te quedaste en paro, mejor declara: «Pasé por una etapa de desempleo prolongado que me dejó a la deriva y lleno de incertidumbre; cada intento fallido de conseguir un puesto de trabajo era un golpe directo a mi moral».

Como puedes observar, estos elementos convierten tu discurso en algo tremendamente dramático y desgarrador que logra una conexión intensa con la audiencia. Esa dosis de drama engancha a las personas, les hace querer seguir tu relato y, dado que ya has superado esas etapas, es algo completamente lícito. A partir de ahí, puedes enfatizar que eso ya ha quedado atrás, incluso puedes contarlo de una manera tranquila.

Goggins, por ejemplo, habla en su libro de las dos caras de su padre: una fuera de casa, donde era amable y amoroso; y otra dentro, donde tenía su *«dungeon»*, su mazmorra, y ahí es donde empezaba la pesadilla. Resaltando todos estos detalles, todos estos puntos emocionales, haces que la audiencia gane consciencia de todos los elementos. Y recuerda algo, el ser humano está diseñado para conectar más con el dolor; nos atrae enormemente y nos mantiene en alerta. Por eso nos fascinan tanto los programas dramáticos, los cotilleos, las historias donde la gente está sufriendo. De manera que, si expones tu dolor de una forma emocional y sincera, conectarás de manera radical con tu audiencia gracias a la honestidad brutal.

## Falso dilema con sus historias

Otro de los recursos que David Goggins emplea de manera impecable es el falso dilema, una estructura, una falacia, que plantea únicamente dos alternativas: o es blanco o es negro, o es rojo o es azul, amarillo o violeta, y así sucesivamente. Lo que él hace es plantear este falso dilema como un reto hacia la audiencia: o estás gordo o estás en forma, o te encuentras en una situación desesperada o gozas de un estado de bienestar. Para él, no existen matices, no hay puntos intermedios: o te lanzas a por todo o no haces nada. Ese llevar su discurso siempre al límite resulta enormemente motivador y, en combinación con su historia personal, es una estrategia excepcional para conectar con el público. Por tanto, debemos buscar esa polarización, ese contraste entre dos extremos.

En uno de sus vídeos de Instagram, advierte al inicio que ese contenido no está destinado a las masas, sino que está concebido para personas especiales. Goggins juega considerablemente con la diferenciación del individuo y el mundo, es decir, se esfuerza en poner en un pedestal a quien está viendo el vídeo, separándolo de la multitud y distinguiéndolo de cualquier otro ser. Esta estrategia tiene un impacto poderoso, pues, como he mencionado previamente, las personas sienten un deseo inherente de pertenecer a un grupo social y, en este caso, estás colocando al individuo en el centro con gran énfasis. Además, Goggins critica e insulta a las personas del otro grupo, e incluso llega a usar palabras malsonantes que, por razones evidentes, no voy a transcribir en el libro. Sea como sea, lo cierto es que, en todas sus intervenciones, polariza enormemente y persuade al receptor para que vea que es una persona especial si toma acción. Y lo hace constantemente a través de microdiscursos en redes sociales como este: «Tu mente tiene que ser más fuerte que tus sentimientos. En esos días malos, cuando piensas que estás solo, seguramente lo estés. ¿Sabes por qué? Nadie más quiere hacerlo, así que sé el desgraciado que siempre hace las cosas. Mantente fuerte».

A lo largo de su carrera, David Goggins ha estado proporcionando a las personas exactamente lo que quieren ver en un enfrentamiento, a veces de una manera agresiva y otras, de forma un tanto sutil. En este capítulo, hemos visto cómo Goggins plantea situaciones extremadamente difíciles en las que te encuentras solo, sabiendo que nadie más está dispuesto a hacer lo que estás haciendo. Pero ¿de verdad solo tú? ¿En serio, en todo el mundo, eres el único que está en esa situación? Claro que no. Hay muchísimas más personas que lo están intentando, pero esa es la magia de este recurso retórico. Una técnica plenamente poderosa.

Para que funcione, debes hacer sentir única a la persona que te está escuchando y, en el momento en el que lo consigas, lograrás persuadirla, manipularla y llevarla a un punto de empoderamiento que ni ella misma creería posible, dotándola de una gran fuerza. Esta es la razón por la que Goggins tiene este poder excepcional, sobre todo porque una historia personal tan impactante como la suya le otorga credibilidad y validez.

Para aplicar el falso dilema en tu comunicación, puedes seguir los siguientes seis pasos:

1. **Identifica tu objetivo.** Antes de crear un falso dilema, es crucial entender cuál es tu objetivo. Puedes estar buscando motivar a tu audiencia, convencerla para que tome una decisión específica o, simplemente, proporcionar una nueva perspectiva. Conocer tu objetivo te ayudará a definir las dos alternativas que vas a plantear, siendo una de ellas la indicada y la que tienes en mente.

2. **Establece las dos opciones.** Elige dos posibilidades o resultados que sean totalmente opuestos. En el caso de Goggins, estas opciones podrían ser estar gordo o estar en forma.

3. **Elimina los grises.** Una vez que hayas establecido las dos opciones, debes argumentar que no hay un término medio. Hacer esto puede implicar minimizar o ignorar completamente el resto de las alternativas.

4. **Resalta las diferencias.** Ahora que no hay grises, tienes que profundizar en por qué las dos opciones que propones son radicalmente diferentes y no pueden coexistir. Puedes utilizar ejemplos y analogías para hacerlo más claro.

5. **Refuerza las consecuencias.** Para potenciar su efecto, debes ser muy explícito con tu audiencia al explicarle que elegir la opción de las masas y/o de la gente débil tiene consecuencias significativas hacia el lado negativo, mientras que la otra, la que a ti te interesa, es prácticamente un paraíso de luz y color.

6. **Motiva a la audiencia a tomar una decisión.** Finalmente, impulsa a tu audiencia a tomar una decisión. El falso dilema es más efectivo si tu audiencia se siente movida a actuar.

Y ahora, para que lo puedas ver de una forma más clara, voy a utilizar un ejemplo hipotético que podría emplear un despacho de abogados especializado en el área fiscal:

1. **Identifica tu objetivo:** persuadir a las empresas para que superen la pereza y dediquen tiempo y esfuerzo a la organización adecuada de su fiscalidad con nuestra ayuda.
2. **Establece las dos opciones:** superar la pereza y gestionar su fiscalidad de manera eficiente con nuestra ayuda, minimizando la carga fiscal, frente a ceder ante la pereza y correr el riesgo de pagar más impuestos, sufrir inspecciones y ser objeto de persecuciones por parte de Hacienda.
3. **Elimina los grises:** o las empresas vencen la pereza y gestionan proactivamente su fiscalidad con nuestra guía, o se dejan vencer por la pereza y enfrentan la posibilidad de un aumento en su carga fiscal y el estrés adicional de lidiar con inspecciones y persecuciones de Hacienda.
4. **Resalta las diferencias:** aquí pondremos de manifiesto los riesgos de ceder ante la pereza en la gestión fiscal y los contrastaremos con los beneficios de superarla y actuar con nuestra asesoría experta.
5. **Refuerza las consecuencias:** si las empresas optan por superar la pereza y trabajar con nosotros, pueden esperar una gestión fiscal eficiente y una reducción de la posibilidad de inspecciones y persecuciones. Sin embargo, si se dejan llevar por la desidia, podrían en-

frentarse a cargas fiscales más elevadas y al estresante escrutinio de Hacienda.

6. **Motiva a la audiencia a tomar una decisión:** por último, incentivaremos a las empresas a tomar una decisión con una llamada a la acción.

# Resumen del capítulo

1. Uno de los recursos más importantes a la hora de conectar y motivar a tu audiencia es aplicar la honestidad brutal al estilo de David Goggins.

2. Para conseguir esta honestidad brutal tienes que encontrar esos momentos de tu vida en los que las cosas no iban bien. No te preocupes si han sido muy duros, ya que forman parte del pasado y los has superado. Recuerda que siempre eres tú quien decide si quiere compartirlos o no.

3. A la hora de comunicarlos, tienes que detallar cómo y por qué lo pasaste mal para que la otra persona sienta la miseria que atravesaste. Si no lo aplicas de este modo no conseguirás el mismo resultado.

4. Si quieres que la persona que te escucha se sienta parte de algo único y capaz de lograr todo en un mundo de escasas posibilidades, aplica la estrategia del falso dilema.

5. El falso dilema se construye mediante seis pasos bien marcados: identificar el objetivo, establecer las dos opciones, eliminar los grises, resaltar las diferencias, reforzar las consecuencias y motivar a la audiencia a tomar una decisión.

# 7. TONY ROBBINS:

## LA CONEXIÓN EMOCIONAL DE UN GURÚ

Tony Robbins, nacido el 29 de febrero de 1960, es uno de los mayores referentes en el ámbito de las conferencias motivacionales y eventos centrados en negocios, carreras y desarrollo personal. Robbins tiene la capacidad de llenar estadios en todo el mundo, creando no solo una atmósfera emocional impresionante, sino también generando millones en ventas directas a su propio público durante sus conferencias. Su éxito como empresario y escritor prolífico, complementado por su historia de superación, le ha llevado a inspirar a millones de personas.

Este excepcional orador ha logrado hitos notables como asesor de algunas de las personalidades más exitosas del planeta (Serena Williams, número 1 del tenis mundial; Bill Clinton, presidente de los Estados Unidos; Leonardo DiCaprio, actor; o Marc Benioff, fundador de Salesforce) y también por haber sido capaz de transformar su vida, desde una existencia llena de dificultades hasta convertirse en uno de los oradores más influyentes a nivel mundial. Su habilidad para conectar profundamente con su audiencia, su narrativa apasionada y enérgica, y su enfoque hacia la acción y los resultados le han permitido cambiar vidas.

Robbins ha escrito varios libros de gran éxito, como *Despertando al gigante interior* y *Poder sin límites*, en los que comparte estrategias para maximizar el potencial humano. A través de sus técnicas de comunicación y persuasión, Robbins reta a las personas a traspasar sus propios límites para alcanzar la máxima expresión de su potencial.

## Pura determinación

La revista *Forbes* analiza en un artículo la vida de Tony Robbins. Cuando tenía 17 años consiguió un trabajo para un orador famoso llamado Jim Rohn, una leyenda también del mundo de las conferencias. Allí conoció a un conferenciante que estaba durmiéndose en los laureles y que únicamente impartía tres conferencias por mes. Al ver esto, Robbins determinó lo siguiente: «Si él imparte tres conferencias al mes, encontraré la manera de impartir tres al día. Me dirigiré a los grupos con los que nadie quiere hablar».

La primera vez que lo leí, algo hizo clic en mí. En los años 2022 y 2023, pasé más de 200 noches fuera de casa impartiendo formaciones en todo el mundo. Doy clases diarias a diferentes grupos y empresas, llegando a impartir un taller por la mañana, una conferencia al mediodía y clases particulares por la tarde. ¿Por qué? Porque la excelencia no se consigue con esfuerzo mínimo. Cuando leí acerca de la historia personal de Tony Robbins, supe que, para alcanzar un nivel único e inigualable de oratoria, debía pagar el precio. Lo pagué, y sigo haciéndolo.

Seguramente pienses que, en tu empresa, en tu asociación, donde sea, hay personas que hablan bien sin esfuerzo. Es cierto que hay quienes tienen cierta facilidad, pero si no trabajan de manera obsesiva en su comunicación, esa habilidad no sobrepasará cierto nivel. Nos maravilla pensar que todo aquel que se sube a un escenario y comunica de una manera asombrosa, fuera de serie, es una persona con un talento especial y dones innatos. Nos encanta creer que cualquier mortal es incapaz de conseguir semejante nivel de habilidad. Pero esto sucede porque no queremos reconocer que seríamos capaces de conseguirlo —al menos hasta cierto punto—, si pusiéramos el mismo nivel de dedicación y trabajo.

El ser humano está en contra de todo aquello que nos obliga a trabajar con esfuerzo por un propósito. Somos adictos a querer un resultado inmediato, sin tan siquiera pagar el precio para conseguirlo, y nos indigna pensar que, en realidad, las personas a las que admiramos y creemos superiores son personas corrientes cuya única anormalidad ha sido vencer la pereza, determinarse con un propósito, convertirse en personas obsesivas y trabajar por esa meta a un nivel difícil de sostener. No es que la capacidad de comunicación de estos oradores sea inalcanzable. Hablamos de que Robbins se planteó hablar tres veces al día mientras otros hablaban tres veces al mes. Es cuestión de pura voluntad.

¿Con qué frecuencia te encuentras hablando en público? ¿A diario? ¿Semanalmente? ¿Mensualmente? No te preocupes si aún no tienes un buen ritmo de trabajo; voy a ayudarte a construir un sistema de práctica basado en la pura determinación. Solo así lograrás mayor fluidez al hablar en público para incrementar tus ventas, motivar a tus equipos, potenciar tu marca en redes sociales o lo que te propongas.

Lo primero que debes hacer es evaluar cuánto estás hablando de promedio y anotarlo. Está bien si es una vez al mes, una al año, ninguna en absoluto, o una vez al día. Lo importante es identificar tu situación inicial. A partir de ahí, nuestro objetivo será aumentar esa frecuencia para que, dentro de un año, hayas tenido muchas oportunidades para comunicarte. A continuación, si no lo tienes claro aún, haz un listado de todos los temas de los que puedes hablar y selecciona aquellos que crees que captarán el interés de personas dispuestas a escucharte. Si eres un asesor inmobiliario, puedes hablar sobre temas de bienes raíces, tendencias del mercado, cómo la Inteligencia Artificial puede revolucionar el sector inmobiliario, etc. Pero si eres un médico apasionado del tenis, puedes hablar sobre este deporte, no hay ningún problema. El éxito consiste en tener claro por qué vas a comunicar. Si es por un tema profesional, estupendo. Si es por un tema de pasatiempo, estupendo también.

Una vez que tengas identificados de qué temas puedes y te interesa hablar, ya sea a nivel comercial o como una afición, es el momento de definir a tu audiencia. Busca en Internet y crea un listado de cien asociaciones que estén cerca de ti y que tengan relación con el tema en cuestión. No dejes nada al azar. Busca colegios, institutos, centros de salud, universidades, cualquier lugar donde creas que puedes aportar valor. No tengas miedo a coger el teléfono y ofrecerte. También puedes utilizar aplicaciones como Meetup para encontrar grupos y eventos relacionados con esa área. Únete a ellos de forma gratuita, acude a los encuentros y aprovecha la oportunidad para presentarte en persona, lo que te dará una primera oportunidad de hablar en público. Después de conocerlos, podrás ofrecerte para dar algún pequeño consejo o una charla de cinco o diez minutos.

Como desafío, te propongo que este año des 50 conferencias o intervenciones breves en este tipo de eventos. Esto equivale a, aproximadamente, una por semana. Con esfuerzo y determinación, podrás incrementar tus oportunidades de hablar en público y, con ello, mejorar tus habilidades de comunicación.

## Técnica de la visualización

La técnica de visualización es una herramienta muy potente basada en la Programación Neurolingüística (PNL), y es algo que Tony Robbins emplea con frecuencia para conectar con su audiencia de manera emocional. La visualización guiada es una especie de meditación que relaja al público de un modo muy concreto para ayudarlo a recrear en su mente una serie de situaciones que pueden ser reales o ficticias. La PNL entiende que no hay una separación estrictamente tangible entre mente y cuerpo, hasta el punto de que lo que creamos en nuestra mente puede acabar sucediendo en la vida real. Nuestro cerebro no es capaz de distinguir entre lo que es cierto y lo que no. Por eso cuando soñamos, sufrimos y hasta nuestro cuerpo reacciona contra estímulos que ha inventado nuestra mente. Así, si hacemos que la audiencia recree y visualice algunos elementos, conseguiremos que estos se generen.

Por ejemplo, para una persona que tiene temor a hablar en público, Robbins utilizaría esta herramienta de visualización para guiarla a un escenario, donde pudiera sentir la energía y cientos de ojos clavados en ella. El cosquilleo por el estómago, el temblor de sus manos, el impulso de tragar saliva. Y nada más lanzar la primera palabra, la audiencia se quedaría sorprendida por su nivel de comunicación y rompería en un sonoro aplauso que dejaría atrás ese miedo.

Al utilizar este tipo de técnicas, estás condicionando y sesgando a tu audiencia de una manera casi manipulativa. De hecho, es un recurso que utilizan las sectas y los sistemas coercitivos. No es extraño, porque estamos condicionando y programando la mente de nuestro público hacia una dirección concreta. Como decía, la mente no sabe diferenciar lo que es real de lo que no y, si sabes utilizar bien estas herramientas, puedes condicionar e influenciar el pensamiento de la persona a la que te diriges. Por ello Robbins lo utiliza tanto dentro del ámbito del desarrollo personal, donde lo que se busca es reprogramar la mente de las personas.

Ahora bien, ¿cómo puedes aplicar esta técnica tan espectacular en tus propias presentaciones? Te dejo un paso a paso de cómo construir tu propia visualización guiada:

1. **Define el objetivo.** Como siempre, antes de iniciar cualquier técnica, necesitas tener claro cuál es el resultado final que deseas. ¿Quieres que tus clientes visualicen cómo

sería usar tu producto o servicio? ¿Quieres que imaginen el éxito que podrían tener si compran lo que ofreces? Tu objetivo guiará el viaje que les haces recorrer con la visualización.

2. **Crea un entorno relajante.** Empieza por crear un ambiente agradable en el que tu audiencia se sienta a gusto. Esto podría ser un lugar físico, como una sala de reuniones tranquila o un lugar imaginario que describas con palabras.

3. **Guía a la audiencia a un estado de relajación.** Pide a tu audiencia que cierre los ojos y respire profundamente. Describir una escena evocadora o utilizar música suave puede ayudarles a entrar en un estado más relajado y abierto, similar al que alcanzarían en una clase de yoga o de *mindfulness*.

4. **Describe la experiencia.** Aquí es donde comienzas a pintar un cuadro en la mente de tu audiencia. Usa un lenguaje descriptivo para que puedan ver, sentir y oír lo que estás recreando. Por ejemplo, si vendes coches de lujo, describe la sensación de conducir uno, el olor a cuero del asiento, el sonido del motor, etc.

5. **Enfatiza los beneficios.** Asegúrate de que tu audiencia entienda cómo tu producto o servicio puede mejorar su vida. Puedes ha-

cerlo llevándola a un futuro en el que ya esté disfrutando de sus beneficios.

6. **Incorpora la acción de compra.** A medida que tu audiencia visualiza los beneficios de tu producto o servicio, guíala en el proceso de toma de decisión y compra. Haz que imagine que da el paso, que compra el producto y que se siente feliz y satisfecha con su decisión.

7. **Conclusión y vuelta a la realidad.** Para terminar la visualización, trae suavemente a tu audiencia de vuelta al presente. Dale un instante para asimilar la experiencia y, luego, abre un espacio para preguntas o comentarios.

Si alguna vez has tenido la oportunidad de asistir a un evento de desarrollo personal, *coaching*, meditación o motivación, donde te muestran nuevos métodos para iniciar tu propio negocio, construir una nueva vida o reconectarte contigo mismo, sabrás que estas técnicas se utilizan habitualmente. Lo más sorprendente es que, cuando se implementan de manera correcta y ética, arrojan grandes resultados. Tanto la visualización como la meditación son instrumentos que te permiten manifestar en tu mente tus deseos y, cuando se presentan las oportunidades frente a ti, te hallas en una mejor posición para identificarlas y aceptarlas.

Sin embargo, en ocasiones, estas técnicas se emplean de una forma poco ética o irresponsable en ciertos estilos agresivos de *marketing* de ventas. No es casualidad que Tony Robbins genere millones en sus propios eventos gracias a su habilidad para establecer una conexión emocional e intensa con su audiencia...

Como suelo decir, cuando la emoción entra por la puerta, la razón sale por la ventana, y estas herramientas de meditación y visualización son capaces de inclinar a nuestra audiencia hacia una perspectiva altamente emocional. La orientamos a través de tres vías específicas: visual, asociativa y emocional. Le hacemos visualizar cómo está reaccionando ante un estímulo específico que nosotros queremos, lo asociamos a emociones que ya conoce en su vida y la guiamos para que las experimente *in situ* y saboree el éxito.

## Dar protagonismo a la audiencia

Tony Robbins se enfoca sumamente en el análisis de su público. En sus eventos multitudinarios, que pueden reunir a más de mil personas, su equipo estudia a cada uno de los asistentes para identificar situaciones que puedan ser impactantes. Como se muestra en el documental de Netflix, *Tony Robbins: No soy tu gurú*, en una ocasión seleccionó a una persona que había contemplado el suicidio y que había asistido a su evento como última esperanza.

Este análisis profundo de la audiencia permite preparar elementos específicos que resulten efectivos al dirigirse al público. Una vez que identificas a una persona con un caso particularmente dramático, puedes convertirla en el centro de atención. No hay nada que le guste más al público que el reconocimiento y la atención, ya sea hacia él mismo o hacia otra persona. Y es que, como cualquier ser humano, la audiencia desea recibir atención; igual que los niños, que siempre están buscando la mirada de sus padres o familiares. Dándole presencia, energía y afecto, se personaliza el discurso al máximo. Además, como orador, debes comprender que, cuanta más atención reciba tu audiencia, más valorará la formación o la conferencia que estés impartiendo.

Esto se puede aplicar en cualquier tipo de presentación. En todos sus talleres, Robbins pone como ejemplo a alguien de la audiencia, interactúa con esa persona para convertirla en el centro de atención y, siempre que puede, trata de generar en ella algún tipo de transformación o persuadirla para que adopte un nuevo punto de vista. Un hecho que luego utiliza como una prueba social efectiva. Imagina que la persona que había considerado suicidarse decide, después de la intervención de Robbins, que ya no quiere quitarse la vida. Ese cambio generaría un impacto impresionante, extremadamente profundo, en los asistentes.

Si tú también deseas conceder este tipo de protagonismo a tu audiencia, puedes realizar este ejercicio que te propongo. El primer paso es recopilar la información, que puedes obtenerla mediante preguntas antes de iniciar la preparación de la charla. Habla con el organizador del evento, con tus clientes, con los alumnos, en definitiva, con cualquier persona que vaya a asistir, tratando de conseguir la mayor cantidad de información posible: a qué se dedican, cuáles son sus miedos o cualquier dato que pueda ser interesante para la charla que quieres impartir.

Si no puedes obtener esta información con anterioridad, deberás hacerlo durante el propio evento, es decir, mediante preguntas directas a la audiencia. Esto te permitirá captar la atención del público, pero también requerirá que improvises sobre la marcha, lo que puede limitar tu capacidad para preparar de antemano las dinámicas que desees realizar.

Una vez que tengas la información, puedes pasar a la segunda parte, que es el diseño de estas dinámicas. Si tienes la oportunidad, lo ideal es prepararlas con antelación para saber qué les vas a decir, qué tipo de situaciones pueden surgir cuando interactúes con ellos y, como siempre, cuál es el objetivo final. En caso contrario, deberás improvisar, aunque siempre dentro de ciertos límites preestablecidos. Si pones a tu audiencia en el centro del escenario y sigues la técnica de Robbins, generarás un alto impacto con tu charla.

# Resumen del capítulo

1. Si quieres mejorar tu comunicación de manera drástica, tienes que exponerte ante el público.

2. Crea un listado de cien asociaciones, colegios, universidades, etc., donde puedas impartir algún tipo de discurso de manera gratuita (aunque si es de pago, mejor).

3. Robbins aplica un recurso magnífico de PNL: la técnica de la visualización, con la que puedes conseguir que tu audiencia recree en su mente lo que desees.

4. Los resultados pueden ser espectaculares, aunque también peligrosos. No olvides que estas estrategias son empleadas por sectas y entidades coercitivas.

5. Recuerda que cuando la emoción entra por la puerta, la razón sale por la ventana.

6. Para conseguir un efecto mágico de conexión con tu audiencia, debes potenciar el protagonismo individual de los asistentes.

7. Puedes conseguirlo analizando en detalle los intereses de las personas del público y poniéndolas como ejemplo de dinámicas de una forma positiva.

# 8. JOEL OSTEEN:

## CÓMO EXPANDIR TU MENSAJE DE FORMA MASIVA

JOEL OSTEEN es una figura mundialmente reconocida en el campo de la oratoria persuasiva y la comunicación, que ha usado su talento para tocar los corazones de millones de personas. Nacido el 5 de marzo de 1963 en Houston (Texas), Joel no se propuso ser un comunicador de renombre, sino que asumió el mandato de su padre, John Osteen, como pastor de la Iglesia Lakewood en 1999.

Con su enfoque distintivo y accesible a la predicación, siempre centrado en los temas de amor y esperanza en sustitución del pecado y la condenación, Joel revitalizó la Iglesia Lakewood. Una congregación que, actualmente, reúne entre unas 45 000 y 50 000 personas por semana, expandiendo esta cifra para integrar a decenas de miles de miembros y a un público televisivo global. En sus sermones, Osteen utiliza técnicas de oratoria altamente efectivas, incluyendo historias personales y analogías, y una óptica positiva para enseñar lecciones bíblicas y motivar a sus seguidores.

Joel Osteen también es un autor *best seller*, con libros como *Your Best Life Now* y *Become a Better You*, en los que comparte sus enseñanzas y consejos prácticos para la vida. En ellos utiliza el poder de la narrativa y la persuasión para impulsar a los lectores a buscar la mejora personal y la felicidad.

Además de su iglesia y sus libros, Osteen tiene una presencia significativa en la televisión y la radio, ya que sus sermones son retransmitidos y llegan a millones de hogares alrededor del mundo. También utiliza las redes sociales y su página web para abarcar una audiencia más amplia, difundiendo mensajes inspiradores y proporcionando recursos para aquellos que persiguen la esperanza y la orientación. A través de todos estos medios, Osteen ha utilizado su talento para iluminar y motivar a las personas a buscar lo mejor en sí mismas y en sus vidas, demostrando ser un maestro de la comunicación y la persuasión.

# Principio de la capilaridad

La primera vez que me encontré con Joel Osteen, me quedé fascinado por su nivel de alcance. Tal como explico en mi primer libro, *Descubre el arte de hablar en público*, cuando gané el Campeonato de España de Oratoria, en mayo de 2018, quise empezar a prepararme para competir a nivel mundial en el idioma anglosajón. Busqué quiénes eran los mejores oradores del mundo y, entre ellos, apareció Joel Osteen. Cuando estudié la comunicación de esta gran figura, me di cuenta de una cuestión que sigo aplicando en mi día a día. Se trata de lo que he denominado *el principio de la capilaridad*.

Los capilares son esas pequeñas ramificaciones de las venas que llegan hasta las últimas partes de nuestro cuerpo. Primero vienen las arterias, después las venas y, finalmente, los capilares, que son esas microvenas que llevan sangre y oxígeno a cada célula del organismo. Pues bien, la comunicación de Joel Osteen es igual que nuestro sistema sanguíneo.

Osteen lo tiene claro. Sabe que, para que su mensaje llegue y cale en todo el mundo, debe estar presente en todos los medios de comunicación disponibles. Mientras que muchos de los pastores evangélicos, conferenciantes, oradores y sacerdotes se dedican a exponerse únicamente en su púlpito, él entendió las reglas del juego y aplicó el principio de la capilaridad para llevar su palabra a todas partes.

En el momento de escribir este libro, Joel Osteen tiene presencia en su Iglesia Lakewood, también transmite su mensaje a través de varios libros que son éxitos en ventas según la lista de *Best Sellers* de *The New York Times* y difunde sus enseñanzas en televisión, siendo una de las cadenas religiosas más vistas del mundo. Pero no solo eso, si no tienes la posibilidad de ver sus retransmisiones, no te preocupes, porque también las tienes en radio, pódcast, y, cómo no, en redes sociales, donde comparte fragmentos de sus sermones. ¿En cuáles? Absolutamente en todas, porque Joel Osteen sabe aplicar el principio de la capilaridad. No deja de lanzar su mensaje. Construye un legado que va a todas partes y la transmisión es exhaustiva, porque no quiere dejar a nadie sin ser impactado. Algo que te recomiendo aplicar.

En mi caso particular, llevo ya más de tres años trabajando en la capilaridad del mensaje, tratando de transmitir mi conocimiento en comunicación y oratoria no solo en redes sociales, sino también en mi canal de Telegram, en mi *newsletter*, en medios de comunicación (radio, prensa escrita, etc.) y, por supuesto, en mis conferencias, ponencias y como invitado en pódcast y programas. ¿Por qué? Porque el principio de la capilaridad es lo que te permite llegar a todo el mundo y mantenerte siempre en la mente de tu audiencia.

¿Cómo puedes desarrollar este principio para conseguir que tu mensaje se expanda como nunca antes?

Antes de empezar, tienes que hacer un pequeño balance de tus recursos y tus objetivos. ¿Qué medios tienes a tu disposición? Si vas a comunicar en una empresa tradicional, los medios disponibles son reuniones de equipo, *email*, grupos de trabajo en Teams o Slack, eventos de empresa, conferencias, etc. Si estás desarrollando tu propia marca personal, ahí encontraríamos redes sociales como Instagram, LinkedIn, TikTok, Telegram, *newsletter*, etc. En definitiva, todos aquellos puntos de comunicación a los que puedes acceder de una manera relativamente sencilla y al menor coste posible son válidos. ¿Podrías tener tu propio programa de televisión? Sería estupendo, pero supone una inversión demasiado elevada.

Una vez identificados esos canales comunicativos donde puedes aplicar el principio de la capilaridad, tienes que analizar a través de qué vía eres mejor comunicando. Vas a estar en todas las redes sociales, pero te vas a centrar con más efusividad en aquellas en las que sean tu medio natural. Si comunicas de manera fantástica en vídeo y eres capaz de hacer vídeos de tan solo 60 segundos, TikTok, Instagram Reels o YouTube Shorts es lo más adecuado para ti. De este modo, podrías tener presencia en tres plataformas distintas. Si brillas en formato largo, puedes crear vídeos más extensos para publicarlos después en otras plataformas. Se trata, en definitiva, de hacer todos los esfuerzos posibles para conseguir que tu mensaje llegue a tu audiencia en tiempo y forma.

Ahora bien, una vez que sepas dónde comunicar, puedes empezar a plantear tus objetivos. Recuerda que ahora tienes que mantener la constancia. Esto es como el principio de repetición de Joseph Goebbels: siempre tienes que estar comunicando tus mensajes, tienes que estar plasmándolos ininterrumpidamente. En el momento en el que dejes de hacerlo, perderás fuerza. Por tanto, si quieres establecer una presencia continua con tu marca, tienes que ser omnipresente en los distintos canales. No olvides escribir un libro, no olvides crear tu propio pódcast. No olvides hacer todo lo necesario para que tu mensaje se propague. Esta es la forma de tener un impacto al estilo de Joel Osteen. Ten presente que vivimos en una era en la que la atención es la moneda, por lo que, para poder captar el interés de la gente, tienes que ir directamente al medio donde se encuentran y tienes que valorarlo de manera efusiva y correcta.

## Romper con todo

En un mundo donde los predicadores y pastores evangélicos a menudo incitan el temor hacia el pecado y potencian los aspectos negativos de la sociedad y la Biblia, Joel Osteen llega para romper con todo trazando un camino diferenciador desde el positivismo y el optimismo.

Hay algunos detalles que explicar aquí, porque lo que ha funcionado para Joel Osteen es, precisamente, ese enfoque distintivo. Normalmente, las personas, por su naturaleza, son más propensas a reaccionar ante el miedo y la negatividad. Por eso las amenazas, los políticos que infunden miedo, las alertas de emergencias sanitarias, etc., suelen tener una mayor conexión con la audiencia.

Puedes comprobarlo por ti mismo encendiendo la televisión y analizando un telediario: cuando aparecen noticias buenas, hasta te dan ganas de cambiar de canal porque te estás aburriendo. Sin embargo, cuando aparece mucho drama, tensión y problemas, es cuando realmente conectas con el mensaje y quieres seguir escuchando aquello que ha provocado este sentimiento de alerta.

La mayoría de los pastores evangélicos siempre han trabajado de este modo. Incluso hay frases que seguramente habrás escuchado como «Temor de Dios». En cambio, Joel Osteen desarrolla una estrategia diferente aplicando las herramientas de la retórica desde un lado completamente optimista, enfocándose en todo lo bueno que ofrece Dios y en todo lo bueno de la vida. Y así consigue conectar con su público de una manera mucho más espiritual.

Daniel Kahneman, psicólogo galardonado con el Premio Nobel de Economía, en su obra *Pensar rápido, pensar despacio*, analiza por qué, para la mayoría de las personas, la pérdida de una cantidad X produce un dolor mayor que la felicidad que provoca ganar esa misma cantidad. Este fenómeno, conocido como aversión a la pérdida, es un potente reflejo de cómo la negatividad tiende a tener un impacto más fuerte en nuestra psicología que la positividad. Por tanto, podemos extrapolar este estudio para concluir que lo negativo funciona mucho mejor, aunque eso no significa que no funcione lo positivo. Al contrario.

Joel Osteen se ha diferenciado radicalmente porque, mientras que la mayoría de oradores se han centrado en comunicar de forma negativa durante siglos, él ha optado por hacerlo de forma positiva por primera vez en la historia, lo que le ha permitido posicionarse como un referente en el sector y alcanzar un nicho de la población que ya estaba cansado de ser impactado de manera dramática.

Ahora bien, ¿qué es lo que puedes hacer tú para sacar provecho de este consejo? Tienes dos opciones: o bien comunicas de manera negativa, o bien comunicas de manera positiva. Como bien sabrás, los mensajes que mejor te van a funcionar son aquellos en los que se habla de una forma totalmente negativa. Por ejemplo, «No hagas esto», «Evita aquello» o «Es un gran error» son grandes frases que provocan miedo y temor a actuar de una manera determinada. Pero, si tu sector está plagado de este tipo de perfiles, lo que tienes que hacer es hablar de una manera lo más positiva posible.

Al final, la clave está en la diferenciación. De modo que, si la mayoría de los profesionales de tu sector y de tu entorno son personas positivas, solo conseguirás destacar poniendo el foco en lo negativo. Y viceversa, porque, si en un sector donde todo es negativo, hablas de forma positiva —como en el caso de Joel Osteen—, marcarás plenamente la diferencia.

No obstante, el éxito reside en aplicar las dos estrategias. Tienes que encontrar elementos sobre los cuales puedas permitirte el lujo de hablar de una manera negativa, pero también positiva. ¿Por qué? Porque en un mismo mensaje no puedes discernir a quién le está hablando, si a una persona más propensa a reaccionar de forma positiva ante algo negativo o a una más proclive a responder de forma negativa ante un estímulo positivo.

## Empezar con humor

Una de las fórmulas que utiliza Joel Osteen para mantener la atención de la audiencia y lograr que la gente quiera seguir escuchándolo es el humor. Al igual que otras personas de su iglesia, suele decir «Voy a contaros algo divertido» para dar paso a una historia con un componente humorístico. ¿En qué momento vas a una iglesia a divertirte? *Grosso modo*, esto no suele suceder, porque tú vas allí a escuchar un sermón, un acto serio y solemne, pero Joel Osteen lo convierte en una fiesta a la que te dan ganas de acudir todos los domingos. Y esto no es nada malo; ya que lo que hace es acercar, de una manera mucho más animada y coloquial, un mensaje a su público.

Además, con esto consigue bajar las defensas y aumentar el nivel de dopamina, la hormona de la felicidad. La literatura científica comenta que, cuando reímos, se incrementa su presencia en el cerebro, creando una sensación de bienestar y placer. Curiosamente, la dopamina está asociada con las recompensas y la motivación, y esto explica por qué el humor puede ser adictivo y por qué nos sentimos atraídos por cosas y, sobre todo, personas que nos hacen reír. Si te fijas, aunque es bastante cruel, por norma general, no queremos estar junto a personas tristes o amargadas, a menos que disfrutes de que a otros les vaya peor que a ti, que es otro caso del ser humano. Lo normal es que nos apetezca más estar con personas que nos hacen felices y nos dan momentos agradables, porque nos conectamos y nos motivamos hacia ellas.

Por otra parte, la risa tiene la capacidad de liberar endorfinas, que son analgésicos naturales del cuerpo que aumentan la sensación de bienestar e incluso pueden disminuir la percepción del dolor. También entra en juego la oxitocina, la llamada hormona del amor, que puede ser liberada mediante la risa y el contacto social, fortaleciendo el vínculo de confianza entre las personas. Pero es que, además, la risa contribuye a reducir los niveles de cortisol, la hormona del estrés, ayudando a relajar el cuerpo y la mente.

Por todo ello, cuando introducimos el humor en los discursos —siempre y cuando no sean monólogos—, vamos a estar potenciando una serie de sustancias químicas en el cerebro de nuestra audiencia que van a favorecer la conexión con nuestro mensaje. Por tanto, no hay que ser serios; hay que mantener un contraste balanceado, pero, siempre que se pueda, conectar de manera humorística con nuestro público. No se trata de que salga una carcajada, una pequeña sonrisa es suficiente. Esto, además de todos los beneficios que acabamos de explicar, guarda relación con lo que comentábamos antes sobre romper con todo, porque no deja de ser un discurso disruptivo.

En definitiva, siempre que sea posible, tienes que conectar haciendo uso del humor. No se trata de convertir tu discurso, tu presentación o tu reunión de ventas en un monólogo, sino, simplemente, de introducir algún pequeño toque de humor que congenie con tu audiencia. La risa e incluso una leve sonrisa pueden ser puertas de entrada poderosas para que tu mensaje llegue y sea recordado. Y este recurso puede ser aplicado en la iglesia o en cualquier escenario en el que se busque comunicar eficazmente.

Ahora bien, introducir el humor en una conversación o en una presentación puede ser complicado. Por ello voy a compartir contigo siete puntos de humor que vas a poder implementar en tu día a día adaptándolos a tu realidad:

1. **Sátira.** Utiliza la sátira para ofrecer críticas constructivas o destacar aspectos contradic-

torios de una situación. Ejemplo: «Como todos sabemos, la metodología XYZ ha sido nuestro método de trabajo en equipo preferido durante años. Sí, ese método maravilloso por el que nos encerramos en nuestros despachos, trabajamos en silencio y esperamos que, de alguna manera, todo se alinee al final. Ha funcionado a la perfección, como podemos ver en esos proyectos que nos han llevado el doble de tiempo de lo esperado. Pero ahora, permitidme presentaros una idea revolucionaria: ¡la comunicación abierta y la colaboración! Sí, es un concepto salvaje, pero podría ser justo lo que necesitamos para llevarnos a ser una empresa líder».

2. **Exageración.** Magnifica una situación o característica hasta el punto de lo absurdo para enfatizar un punto. Ejemplo: «Nuestro nuevo *software* es tan fácil de usar que hasta un gato podría hacerlo».

3. **Ironía.** Di lo contrario a lo que realmente quieres comunicar, de manera que la audiencia comprenda la intención real. Ejemplo: «Sí, porque perder dinero es lo que más le gusta hacer a la empresa».

4. **Humor propio.** Burlarse ligeramente de uno mismo o de la propia empresa puede crear una conexión más cercana con la au-

diencia. Ejemplo: «Aquí, en nuestra empresa, valoramos la innovación, aunque a veces parece que estamos reinventando la rueda».

5. **Analogías divertidas.** Compara situaciones o conceptos de la empresa con situaciones cotidianas o absurdas. Ejemplo: «La gestión de proyectos aquí es como regar cuando llueve. A veces, es totalmente absurdo.

6. **Parodia.** Imita algo conocido (un personaje célebre, una canción popular, una escena de cine, etc.), adaptándolo a la situación empresarial. Ejemplo: crea un vídeo parodiando un anuncio famoso para presentar un nuevo producto de la empresa. Lo he visto en muchas convenciones y todos salen llorando de la risa.

7. **Metáforas humorísticas**. Usa metáforas inusuales y humorísticas para explicar conceptos complejos. Ejemplo: «Esta estrategia es como una cebolla; cuanto más profundizas en sus capas, más te hace llorar».

## El uso de las parábolas

Joel Osteen emplea las parábolas de una forma magistral. Pero, antes de nada, ¿qué son las parábolas? Una parábola es un tipo de narración breve y simbólica que comunica una enseñanza moral o espiritual. Se construye mediante una historia simple en la que los personajes y las circunstancias que suceden representan conceptos o ideas más grandes. El uso principal de las parábolas, y por el cual las conocemos, es por las enseñanzas de Jesucristo en el Nuevo Testamento de la Biblia, donde empleó estos relatos simbólicos para explicar conceptos complejos de fe y de moralidad de una manera muy accesible.

Por ejemplo, la parábola del buen samaritano enseña sobre la compasión y la bondad. La historia cuenta que un judío que viajaba de Jerusalén a Jericó fue atacado por unos ladrones, quienes lo dejaron medio muerto al borde del camino. Un sacerdote y un levita (personas muy importantes en la época y de mucho dinero) pasaron por el mismo camino, pero ambos evitaron al hombre herido. Sin embargo, un samaritano (natural de una región odiada por los judíos) que pasaba por allí, al ver al hombre, se compadeció de él. Vendó sus heridas, lo puso en su montura y lo llevó a una posada donde cuidó de él. Al día siguiente, dejó dinero para el posadero y le pidió que asistiera al hombre, prometiendo pagar cualquier gasto extra a su regreso.

Esta parábola muestra cómo las personas que potencialmente podrían haber ayudado al viajero malherido de una manera mejor y con mayor calidad, ya que tenían dinero, recursos y poder, miraron a otro lado y le negaron su auxilio. Fue la persona que jamás nadie hubiera imaginado quien finalmente ayudó al judío. Por tanto, es una historia que habla de la bondad, de no tener prejuicios hacia los demás y de, simplemente, entender que hay que ser buenas personas. Con tan solo cuatro o cinco frases, un argumento sencillo y un número mínimo de personajes, se ha conseguido transmitir una idea que va calando en la sociedad. Es un uso muy concreto de *storytelling*, directo al grano, a la moraleja.

En tu día a día, también tú puedes emplear las parábolas de manera impecable. De hecho, es muy posible que ya lo hayas visto en eventos formativos, en reuniones de trabajo o incluso en la escuela. Te comparto una metodología para que puedas crear una buena parábola:

1. **Identifica la lección o mensaje principal.** Antes de comenzar, determina claramente cuál es el mensaje o la lección que quieres transmitir. Puede ser algo como la importancia del trabajo en equipo, la innovación o la ética en los negocios.
2. **Utiliza símbolos y metáforas relevantes.** La parábola debe contener elementos simbólicos que representen las ideas o conceptos que deseas comunicar. Por ejemplo, un barco en una tormenta podría simbolizar

un negocio navegando a través de tiempos económicos difíciles.

3. **Concluye con una declaración clara de la moraleja.** La conclusión de la parábola debe ser una afirmación clara y concisa de la lección aprendida. Esto ayuda a asegurar que la audiencia se lleva el mensaje correcto.

También puedes utilizar fábulas. Son similares a las parábolas, pero tienen como personajes principales elementos no humanos. Podría ser un árbol, animales en un bosque, etc.

A continuación, te presento un ejemplo de fábula aplicando estos tres puntos. Aunque está relacionado con el mundo empresarial, puedes aplicarlo a cualquier otro ámbito:

1. **Identifica la lección o mensaje principal:** la importancia de la adaptabilidad en los negocios.
2. **Utiliza símbolos y metáforas relevantes:** árboles, río y tormenta.
3. **Concluye con una declaración clara de la moraleja:** en los negocios, la capacidad de adaptarse es más valiosa que la rigidez o robustez.

*Hace unos años, en un pueblecito del interior de Valencia, al lado del río Túria, crecieron un árbol rígido y un sauce flexible. Sin embargo, un día de tormenta de gota fría, ante los vientos huracanados y el granizo, el árbol rígido se rompió, mientras que el sauce se dobló y sobrevivió. En los negocios, como en la naturaleza, la capacidad de adaptarse a los cambios es, a menudo, más valiosa que la fuerza bruta o la rigidez.*

Esta sencilla historia ilustra la idea de la adaptabilidad empresarial de una manera que es fácil de entender y de recordar, elementos esenciales de una parábola efectiva.

# Resumen del capítulo

1. Desarrollar el principio de la capilaridad va a permitir que tu mensaje cale profundo en la mente de las personas, convirtiéndote en una persona de influencia y de poder.

2. Trabaja en divulgar tu mensaje en la mayor cantidad de medios a tu disposición.

3. Si quieres triunfar en tu sector, tienes que romper con todo. Joel Osteen utiliza recursos positivos en un sector de pesimismo y de castigo.

4. Encuentra cuál es la tónica de tu sector y haz algo diferente para destacar.

5. Lo negativo es mucho más efectivo que lo positivo.

6. Combina lo negativo y lo positivo para conseguir un buen equilibrio con tu audiencia.

7. Utiliza el humor, ya que hace que las personas quieran seguir escuchando aquello que les ha provocado una sonrisa.

8. Las parábolas y las fábulas son un recurso imprescindible en tu día a día. Con tan solo cinco frases vas a ser capaz de transmitir mensajes profundos que quedarán marcados en la mente de tu público.

# 9. MRBEAST:

## LOS SECRETOS DE LAS REDES SOCIALES PARA CAUTIVAR A TU PÚBLICO

MrBeast, cuyo nombre real es Jimmy Donaldson, es una de las estrellas más brillantes y carismáticas del mundo digital, habiendo alcanzado la cúspide del éxito en YouTube con su habilidad única para conectar con audiencias de todas las edades. Nacido el 7 de mayo de 1998 en Kansas (Estados Unidos), Jimmy empezó a publicar vídeos en YouTube a una temprana edad, pero fue su enfoque hacia el entretenimiento y la filantropía lo que lo catapultó a la fama global.

Sus vídeos poseen un estilo único e inconfundible. Se sumerge en desafíos extremos, retos y, en ocasiones, dona o gasta cantidades ingentes de dinero, atrayendo la atención de millones de espectadores con cada publicación. Algunos de estos vídeos han alcanzado cientos de millones de visualizaciones.

En cuanto a la narrativa, MrBeast ha demostrado una habilidad innata para contar historias que resuenan con su audiencia. Ya sea a través de un desafío de 24 horas o una misión para ayudar a los necesitados, cada vídeo contiene una historia con un inicio, desarrollo y conclusión, que mantiene a los espectadores pegados a la pantalla. Jimmy Donaldson ha demostrado ser un visionario en el arte de la comunicación, empleando su voz y la plataforma para entretener, inspirar y, lo más importante, impactar positivamente en la vida de muchos.

## El tiempo de retención

Una de las principales características que definen a Jimmy Donaldson es su obsesión total por la retención de la audiencia. La primera vez que escuché esto en una de sus entrevistas, hablaba de cómo teníamos que, al igual que él, conseguir un 80% de retención. Es decir, que hay que lograr que la audiencia vea, al menos, el 80% del vídeo. Es una métrica salvaje, una cifra grandiosa y muy difícil de alcanzar. La mayoría de los *youtubers* ni tan siquiera saben cómo llegar a ella, pero Jimmy Donaldson tiene la fijación de conseguir una métrica superior al 80% de retención. Ahora bien, ¿qué es lo que hace para lograrlo?

En esta época, vivimos en una batalla constante por la atención. Y esto no solo aplica al caso de Donaldson y de YouTube, sino también a lo que sucede durante una conferencia. Un conferenciante no solo compite contra otros conferenciantes; un conferenciante compite contra un móvil y contra el propio Donaldson, quien, a su vez, compite contra nosotros. Es una batalla salvaje por conseguir la atención de nuestro público.

En una sociedad polarizada y tan dispersa en muchos asuntos, donde tenemos microdosis de dopamina al alcance de la mano en cualquier momento y a cualquier hora del día, la atención se convierte en algo que debemos conseguir y por lo que debemos pelear. Donaldson lo sabe muy bien y entiende que el futuro de su negocio consiste en obtenerla. Ha sabido capitalizarlo para generar cientos de millones, superando una valoración de más de mil millones de dólares por sus compañías. En esta dictadura de los medios, en la que dependemos continuamente de estar enganchados a la pantalla o a nuestras conversaciones, vamos a ver diferentes técnicas que él emplea para conseguir aumentar (y superar) el 80% de retención de la audiencia, y obtener así unos resultados impecables.

Lo primero que hace Donaldson es mantener un estilo enérgico durante la totalidad de sus vídeos. En contraste con otros *youtubers,* que optan por hablar de una forma tranquila y pausada, explicando las cosas con detalle, Donaldson entiende que, para captar y mantener la atención de su público, debe adoptar un enfoque continuamente enérgico y, sobre todo, cambiante. Cada tres segundos provoca un cambio de escena, un corte de cámara o un nuevo plano. Además, Donaldson va regulando la atención con su narrativa, empleando técnicas de *storytelling* que garantizan una evolución constante y espectacular en su contenido.

Lo que Mr.Beast quiere conseguir es cambiar incesantemente los estímulos para mantener a la audiencia conectada. Primero ofrece un adelanto de lo que se va a mostrar en el vídeo, generando curiosidad sobre lo que sucederá al final. Luego avanza de forma cronológica, pero siempre *in crescendo*, liberando dosis de adrenalina y dopamina. Un ejemplo clásico es: «¿Qué pasará si tiramos un tren hacia un hoyo? Pero primero vamos a empezar con un coche». Así despierta la curiosidad del espectador sobre el desenlace mayor, pero también le satisface a lo largo del vídeo con pequeños estímulos que mantienen su interés, guardándose lo mejor para el final.

Este formato puede ser comparado con una conferencia o una formación en la que se presenta una idea al inicio, indicando qué se conseguirá al final, o un libro, donde, ya en la introducción, te dice qué aprenderás una vez que lo leas. Pero, en lugar de empezar con lo más impactante, va poco a poco, conectando ideas y ofreciendo pequeñas dosis de satisfacción hasta alcanzar el clímax final. Donaldson busca que el espectador permanezca hasta el desenlace y, para ello, lo incentiva constantemente.

En el caso de un conferenciante, el objetivo sería similar: captar y mantener la atención desde el principio. Obviamente, tú no puedes dirigirte a tu audiencia lanzándole trenes o creando muchas cuestiones de impacto. Pero uno de los recursos que más funcionan en el mundo de las conferencias y *masterclasses* uno a uno, así como en cualquier tipo de conversación, es centrarte en obtener algo de la audiencia. Puedes pedirle cosas a través de preguntas abiertas. Hay cinco tipos: qué, quién, cuándo, cómo y por qué. Todos estos interrogantes hacen que la otra persona tenga la obligación de pensar, en su cabeza, cómo lo puede resolver, qué estrategias aplicaría, quién es el encargado de desarrollarlas, por qué lo va a hacer y cuándo tiene que desarrollarlo. Cuando esto sucede, no es una respuesta monosilábica la que escuchas, sino que estás haciendo que la otra persona esté conectada contigo de una manera mucho más natural, sacando toda la información de su cerebro y dándotela. Además, esta técnica que tanto aplica Donaldson genera drama.

# Generación de drama

Donaldson está obsesionado con conseguir que su audiencia esté totalmente enganchada a sus vídeos. Para potenciarlo, no solo va de menos a más con el contenido, sino que continuamente te recuerda que hay mucho por descubrir más adelante.

Por ejemplo, en uno de sus vídeos, analiza la diferencia entre volar de la forma más barata posible a la forma más cara posible: desde un dólar hasta 500 000 $ por vuelo. De modo que, durante todo el tiempo, cuando te muestra el de un dólar, ya te está generando preguntas sobre qué vendrá a continuación. Pero ¿esto será mejor que el siguiente de 1000 $? ¿Qué va a suceder si optamos por uno de 50 000 $? Con este tipo de preguntas, adelantando y generando drama sobre lo que viene a continuación, ya está conectando sobremanera con el espectador.

En otro de sus vídeos paga a un asesino profesional para que lo persiga. «Ahora mismo, ya está en la planta de abajo. ¡Maldita sea, viene a por mí! ¿Conseguiré escapar?». Durante todo el vídeo, emplea este tipo de recursos para mantener a la audiencia continuamente enganchada, con un pico de adrenalina y drama, esperando ansiosamente qué vendrá a continuación.

Para conseguir replicar lo mismo, vamos a trabajar lo que he denominado *la estrategia del drama anticipado*, en este caso con un ejemplo del sector farmacéutico:

1. **Sentar las bases.** Cuando te sitúes frente a tu público, la clave para la interacción es sentar las bases a tu audiencia lo más rápido posible. Por ejemplo: «El mundo farmacéutico está evolucionando y hay un componente que puede cambiar la industria por completo».

2. **Preguntas adelantadas**. Durante la presentación, tienes que ir lanzando preguntas continuamente para generar curiosidad. «¿Qué pasaría si encontramos la fórmula para acelerar la absorción de un fármaco sin aumentar los efectos secundarios?». Lanzando estos interrogantes al aire, estás construyendo una sensación de anticipación y de ansiedad positiva en la audiencia.

3. *Microanticipaciones.* Mientras vas desgranando la información, introduce pequeñas piezas de datos que insinúen lo que está por venir, como: «Dentro de la investigación que estamos por revelar, los primeros ensayos mostraron una eficacia sin precedentes».

4. **Revelación controlada.** A medida que te aproximes al punto crucial de la presentación, ve desvelando la información de manera controlada. Cuando los asistentes crean que ya han obtenido la pieza final del rompecabezas, introduce un dato adicional que reafirme todavía más tu argumento principal.

¿Cómo lo aplicaría un periodista que quiere informar de un nuevo caso de corrupción en el Gobierno? Por supuesto, es un caso totalmente teórico e inventado a efectos académicos:

1. **Sentar las bases:** «Hay pruebas de que los principales dirigentes del Gobierno han robado a la población y han abusado de su poder. Son pruebas que, incluso, podrían poner en peligro a la nación si llegan al público internacional».

2. **Preguntas adelantadas:** «Justo antes de hablar con XYZ persona tenía miedo. ¿Y si estoy en peligro? ¿Y si encuentro algo que rompe todas mis creencias sobre el partido? ¿Y si me hacen desaparecer?».

3. *Microanticipaciones:* «Mientras hablaba con esta persona me llegó un *email* que ponía en compromiso la legitimidad de la última visita del Gobierno al país vecino».

4. **Revelación controlada:** aquí tendría que ir desvelando los detalles de la investigación, pero de forma pausada, permitiendo que el drama avance. Una primera revelación podría ser: «En esa llamada telefónica se dieron cuenta de que el responsable de XYZ institución estaba implicado en tráfico de armas». Otro avance: «Empecé a tirar del hilo y encontré pruebas que im-

plicaban a la mujer del presidente». Otro: «Cuando creía que ya no iba a poder recopilar más pruebas y que la investigación se encontraba en un callejón sin salida, un testigo de alto nivel que saldrá en el juicio pudo situar al presidente como el cabecilla de la trama».

# Resumen del capítulo

1. Para conseguir resultados notorios en tu comunicación, tienes que obsesionarte con la retención de tu audiencia.

2. Jimmy Donaldson lo consigue manteniendo un nivel de entusiasmo al comunicar fuera de serie, creando mucho drama y mucha tensión con el público y anticipando lo que va a venir a continuación mediante preguntas.

3. Las preguntas que más funcionan para este propósito son las abiertas: qué, quién, cuándo, cómo y por qué.

4. Tu público no va a quedarse a escuchar lo que dices si no pones drama en tus intervenciones.

5. Para generar el drama, puedes aplicar la estrategia del drama anticipado: 1. Sentar las bases; 2. Preguntas adelantadas, 3. *Microanticipaciones* y 4. Revelación controlada.

# 10. GARY VAYNERCHUK:

## CÓMO HACER QUE NADIE OLVIDE TU MENSAJE

**G**ARY VAYNERCHUK (o GARYVEE) es un icono global en el campo de la oratoria impactante y la comunicación efectiva, habilidades que ha pulido y usado para influir en multitudes. Nacido el 14 de noviembre de 1975 en Babruysk (Bielorrusia), Gary no comenzó con la ambición de convertirse en un comunicador de élite. En su juventud, trabajó en la tienda de licores de su familia, pero su pasión y astucia empresarial lo llevaron a revolucionar la forma de promocionar el vino a través de vídeos *online*.

Con su estilo auténtico y directo para comunicar, basado en la empatía, la autenticidad y la perseverancia, Vaynerchuk conquistó las redes sociales. Hoy, tiene millones de seguidores en plataformas como Instagram, Twitter y YouTube, donde comparte sus perspectivas sobre negocios, vida y éxito. En sus charlas, combina anécdotas personales, consejos prácticos y una visión cruda de la realidad, instando a su audiencia a actuar y perseguir sus sueños.

Gary Vaynerchuk es también un exitoso autor, con libros como *Crush It!: Why NOW Is the Time to Cash In on Your Passion* y *Jab, Jab, Jab, Right Hook*, donde desglosa sus estrategias para tener éxito en el mundo digital y cómo las marcas pueden contar historias en un mundo saturado. Además, Vaynerchuk brilla en pódcast y programas de entrevistas, llegando a millones de personas con sus ideas revolucionarias y consejos empresariales. A través de todos estos canales, Gary ha establecido su legado como un visionario en comunicación, inspirando a muchos a través de contenidos en los que utiliza una mezcla de sinceridad y perspicacia para empujar a los lectores y oyentes hacia la acción.

## Dale a la audiencia lo que pide

Llevo años siguiendo el trabajo de este emprendedor serial, con millones de seguidores en redes sociales, que hace un uso magistral de estos nuevos medios de comunicación para llegar a personas de todo el mundo (salvando incluso barreras lingüísticas) y conectar con su audiencia de una manera muy fiel.

Como he comentado en su descripción, Vaynerchuk es un conferenciante muy exitoso y con uno de los cachés más altos de Estados Unidos. Su filosofía es algo que me parece fascinante, entre otras razones, por la dificultad de aplicarla. Recuerdo una conferencia que publicó de forma totalmente gratuita en YouTube. Era en un congreso del sector inmobiliario. Imagina la situación: llega GaryVee a dar una charla, tú estás emocionado porque has conseguido un asiento en el evento (ya que se queda mucha gente fuera) y estás deseando escucharla porque sabes que dará la vuelta al mundo.

En este caso, cuando aparece el orador en escena, te agradece la asistencia y, en vez de empezar con su dinámica habitual, te dice lo siguiente: «Creo que la mejor forma de aprovechar este tiempo, en lugar de contaros algo que tengo en la cabeza, es que me hagáis preguntas sobre aquello en lo que pensáis que os puedo ayudar. Así podréis sacar rendimiento de manera directa nada más terminar». Y me quedé con la boca abierta. No solo porque se diferencia radicalmente de todos los oradores tradicionales, que tienen una presentación preparada, sino porque va directo a satisfacer los deseos de la audiencia. No hay nada más poderoso en una conversación, tal y como hemos hablado previamente, que darle a la audiencia exactamente lo que pide y necesita. No olvidemos que, como seres humanos, somos entidades profundamente egoístas que queremos que todo el mundo satisfaga nuestras necesidades, anhelos y deseos. Entonces, ¿por qué no aplicar esta estrategia que tantas veces emplea Gary?

Aunque no conviene abusar, es un recurso puntual muy útil que tiene relación con una filosofía que empleó el mismo Adolf Hitler, a su manera, por supuesto. En su libro *Mi lucha*, Hitler demuestra un dominio del análisis político en profundidad, lo que le otorga la capacidad de entender al milímetro las necesidades del pueblo alemán. En su propio texto, comparte la idea de que tiene que darle a su público lo que el público necesita. Y esto es algo que tienes que aplicar. Pese a que la figura de Adolf Hitler genera una gran controversia, estudiar y analizar sus métodos de ascenso al poder nos permite también aprender de la historia y conocer los aspectos que pueden ocasionar grandes catástrofes.

Si tú quieres conseguir resultados reales y prácticos, tienes que conocer al detalle a tu público, comprender esos puntos de dolor que comentábamos anteriormente y dirigir tu conversación únicamente a satisfacer esas necesidades. Abraham Lincoln, uno de los presidentes más famosos de Estados Unidos, decía que, en un discurso, había que hablar dos terceras partes de lo que la audiencia quiere escuchar y solo un tercio de aquello que de verdad quieres compartir.

Estas son dos caras de la historia empleando la misma estrategia, que nunca falla. Como comunicador, si quieres triunfar —y más en esta era polarizada— debes darle a tu audiencia exactamente lo que necesita. ¿Esto significa que vas a perder tu autenticidad? No necesariamente. Porque otra de las claves que comentaremos de GaryVee es, precisamente, esta. Para poder replicarlo, lo que tienes que hacer es analizar a tu audiencia para entender qué necesita y, a partir de ahí, tratar de ver qué es lo que tú puedes ofrecerles para satisfacerlo. Si no tienes nada, deberás crearlo, pero sin perder tu autenticidad y tu forma de ser.

## Autenticidad

La clave que GaryVee promueve sobremanera es ser auténtico y natural ante tu público; no tratar de ser un personaje que mide al milímetro cada palabra que dice. Uno de los elementos que más polémica genera es el uso continuado de palabras malsonantes en sus intervenciones como *fucking*. Como puedes imaginar, este tipo de recursos no se encuentran en el típico manual del orador, pero funcionan de maravilla. Cuando uno dice palabras malsonantes consigue dos cosas.

Por un lado, provoca en la audiencia una rotura del patrón establecido. «¿Ha dicho una palabrota? ¿En serio?». Esto hace que las personas recuperen la atención en la ponencia. Esto se ve claramente cuando vas a un grupo de personas jóvenes y dices por ejemplo «joder». Verás que, de pronto, se miran entre ellos e incluso puedes escuchar algún susurro del tipo «¿De verdad ha dicho joder?». Y, por otro, genera mucha cercanía con el público. Cuando una persona está en un entorno profesional donde quiere mostrar su mejor cara y su mejor versión únicamente emplea palabras finas y correctas. Pero cuando se encuentra en un ambiente relajado y distendido, como una cena con amigos, ahí sí que se le puede escapar alguna palabra malsonante. Por ello, cuando Gary las emplea en sus intervenciones no solo muestra autenticidad, sino que llama la atención de la audiencia al dejar a la vista una apariencia más coloquial y cercana.

Ahora bien, el recurso de las palabras malsonantes tienes que aplicarlo en función de tu estilo comunicativo, de si las puedes decir de forma natural y cómoda y, especialmente, sin que tu audiencia se ofenda por ello. En mi caso particular, las palabrotas que empleo son muy sutiles y se utilizan dentro del contexto de *storytelling* a través de alguno de los personajes. Consigo, de este modo, las dos ventajas mencionadas: cercanía y llamada de atención, pero plasmando el efecto negativo en un personaje de la historia. Aunque también las empleo con menos frecuencia en otros aspectos de mis formaciones, consiguiendo resultados más que positivos.

## Formato *reality*

GaryVee entiende perfectamente la erótica de la comunicación y lo mucho que la audiencia valora la conexión cercana con el ponente, por hacerle sentir que no existe ningún tipo de barrera. Es un juego fantástico. El público quiere acercarse a las personas y ver sus vidas, aunque estas no tengan nada de especial. ¿Por qué? Porque gusta mucho evadirse de tu propia vida viendo la de otros, sobre todo si son vidas interesantes o dentro de un sector prácticamente inalcanzable para la mayoría de las personas. ¿Querrías acompañar al mayor empresario de todos los tiempos en un día de su vida? ¿Querrías conocer todos los tratos que hace un político detrás de las cámaras? La respuesta es sí. ¿Por qué? Por la erótica del poder. Nos encanta acercarnos a la fuente de poder, aunque sea a través de un vídeo. El público de GaryVee siente que lo conoce, a pesar de que él no tiene consciencia de cada uno de sus seguidores. Su audiencia puede llegar a creer que tiene incluso una conexión cercana con él, cuando, en el fondo, no es así. Solo es una vaga ilusión de lo que se está representando.

Históricamente, unos de los pilares del poder han sido la distancia y el misterio. Sin embargo, con la aparición de las redes sociales, la dinámica comunicativa ha experimentado un giro, dando protagonismo a la cercanía y al mostrarte tal y como eres, algo sobre lo que ya compartí algunas pinceladas y reflexiones en mi libro *Descubre el arte de hablar en público*. Desde la Antigüedad, quien controla el medio de comunicación controla la opinión pública. Pero la llegada de estas plataformas ha hecho que la comunicación de masas se vuelva una posibilidad al alcance de cualquiera que tenga acceso a Internet. Y Vaynerchuck las puso a prueba con el formato *reality*.

Él sabía que, para poder crear una masa de fervientes seguidores y de personas que admiraran su trabajo, compartieran su filosofía y, en última instancia, contrataran sus conferencias o servicios profesionales, debía llegar al público con constancia y con su estilo. Por ello contrató a una persona que le seguiría continuamente y a diario, grabando tanto con vídeo como con audio todo lo que sucedía en su vida profesional. ¿Reunión con una empresa de ropa que ha pagado una ingente cantidad de dólares por preguntarle? Se grababa al completo y se publicaba sin filtros. ¿Que un empresario visita la oficina? Se grababa al completo y, de nuevo, se publicaba sin filtros. El proceso estaba claro. El objetivo era compartir la mayor cantidad de material para que su imagen y su marca estuvieran en la mente del consumidor como si de un anuncio infinito de televisión se tratase. Y le fue muy, pero que muy bien.

Aprovechó el tirón de las redes sociales. Se posicionó como un entusiasta creador de vídeos en todas las redes que despegaron, catapultó su fama y su leyenda como emprendedor e inversor con una historia de superación de la que partió prácticamente desde la nada siendo un inmigrante en los Estados Unidos, y se ha convertido en todo un icono empresarial. ¿Quiero decirte con esto que te dediques a compartir cada momento de tu vida? No. Se trata de compartir aquellos elementos que quieras que tu audiencia vea, y con la mayor cantidad posible de material.

Para poder aplicarlo y conectar con tu audiencia de una manera potente a través de la autenticidad que otorga el mostrar tu vida tal y como es, tienes que decidir concretamente qué quieres compartir y con qué te sentirías cómodo. A partir de ahí, desarrolla un plan de comunicación que permita hacerlo llegar a la audiencia. Recuerda que esta es una táctica que te va a permitir generar un efecto de amistad con aquellos que te siguen para, después, conseguir resultados.

También yo tengo mi propia estrategia de qué aspectos de mi vida quiero compartir para establecer una conexión humana y cercana. Las personas de hoy quieren conectar con personas de carne y hueso. Vaynerchuck logra, de manera totalmente natural, que todos nos sintamos próximos a él, pese a ser un emprendedor con un patrimonio de varias centenas de millones de dólares que ha venido a revolucionar la industria de las redes sociales y que es capaz de comunicarse de manera auténtica y directa en su día a día profesional.

## Sin restricciones

Uno de los secretos de GaryVee a la hora de publicar su contenido es no tener ningún tipo de restricción. Muchos empresarios y personas de alto nivel, cuando dan sus conferencias, imparten formación o simplemente transmiten un mensaje, se guardan ases bajo la manga. Esto, *a priori*, puede parecer sensato. ¿Por qué? Porque cuando compartes información, sabes que hay partes que no deberías revelar. Imagina que estás vendiendo una formación y decides compartirla de forma gratuita. Es probable que, si alguien accede a esa formación sin costo, luego no quiera pagar por otra formación o un servicio de consultoría similar. A primera vista, esto puede parecer totalmente lógico.

Sin embargo, este no ha sido el enfoque de GaryVee. Él decide compartir todo, incluso sus propios pensamientos. Tiene a alguien que lo graba también durante sus procesos de reflexión en voz alta. Su objetivo es ofrecer todo el valor posible a su audiencia sin ocultar ningún secreto. Al hacerlo, activa la llamada ley de la reciprocidad. Cuando ofreces algo de gran valor de forma gratuita, la audiencia no solo te estima más, sino que también desea compensarte de alguna manera.

Por eso GaryVee comparte todo su contenido en redes sociales. Llama la atención que, a pesar de recibir más de 100 000 $ por conferencia, las grabe y las publique de forma gratuita en YouTube. ¿Por qué la gente sigue contratando a Gary Vaynerchuk pagando cifras tan elevadas si luego pueden ver la charla gratis en Internet? Es simple: primero, quieren retribuir parte de lo que les ha brindado; segundo, gracias a haber compartido ese contenido de forma gratuita, Gary se ha hecho famoso, ha ganado notoriedad y, por supuesto, experiencia, cualidades que su audiencia valora.

En resumidas cuentas, una de las estrategias que aplica este gran empresario y que muchos otros no se atreven a seguir es compartirlo todo con su público. Aunque esto es lo que él comenta oficialmente, siempre existe la posibilidad de que pueda guardar un as bajo la manga. Con el tiempo ya veremos si esto es verdad o no, pero lo cierto es que ha compartido todo a su alcance. Es una decisión que cada uno debe valorar. Cuanto más valor compartas, más trucos de tu sector reveles y más información valiosa brindes, más te estimará la audiencia y más querrá saber de ti. En mi caso particular, si has seguido mi trabajo en redes sociales, sabrás que comparto el valor de mis talleres y formaciones, salvo algunos específicos. Gracias a ello he logrado que muchas personas conozcan mi trabajo y quieran inscribirse en mis formaciones para vivir la experiencia y aprender de forma práctica.

## Resumen del capítulo

1. Para conseguir que tu público esté obsesionado contigo y te tenga en una consideración fuera de lo común, tienes que darle exactamente lo que pide.

2. GaryVee compensa que no tiene la mejor oratoria del mundo ni la mejor técnica con su autenticidad.

3. Él utiliza palabras malsonantes para demostrarle al público que es auténtico y cercano con la audiencia, y que le habla como si fueran sus amigos.

4. Cuando uno quiere mostrar cercanía con su audiencia no hay nada mejor que el formato *reality*.

5. Como comunicador, decide qué partes de tu vida quieres compartir para poder hacerlo sin sentirte mal después. Vaynerchuck no comparte su vida personal.

6. Uno de los trucos que emplea Gary es no tener restricción en la información que transmite.

7. Compartirlo todo aumenta tu posicionamiento como experto, tu alcance y tu fama, y genera el efecto de reciprocidad, que hará que quieran contar contigo, aunque sea para recibir lo mismo.

# 11. OPRAH WINFREY:

## CÓMO ALIMENTAR EL EGO DE LA OTRA PERSONA Y LLEVARLA A TU TERRENO

NACIDA en Kosciusko (Mississippi), en 1954, Oprah ha transformado el arte de la comunicación en televisión. No solo es una entrevistadora magistral, sino también una oradora que motiva e inspira a las masas con su autenticidad, carisma y sabiduría. Desde sus comienzos a nivel local, a los 19 años, evolucionó hasta convertirse en una magnate de los medios de comunicación con su propio canal de televisión: OWN (Oprah Winfrey Network).

Oprah destacó por su programa de entrevistas, ya que tiene la habilidad de crear conversaciones profundas con un particular estilo de comunicación que le permite tratar asuntos difíciles con elegancia y cariño. Es una oradora estructurada, con ritmos muy marcados, elegante y de fuerte impacto. Es líder de opinión y ha marcado una era, posicionándose como uno de los principales exponentes de la comunicación moderna.

## La galletita del ego

Los mejores comunicadores no son aquellos que más hablan. Por supuesto, estos son los que destacan cuando los colocas frente a masas. Sin embargo, los que de verdad consiguen profundizar, liderar, manipular y triunfar en una comunicación uno a uno con personas que son líderes en sus respectivos campos son aquellos que dominan el arte de darle galletitas de ego a su audiencia. Una habilidad que Oprah domina a la perfección.

Oprah Winfrey tiene algo muy positivo que no es nada fácil: entrevistar a personas tremendamente exitosas y de alto poder. Cuando te sientas en un mismo plató con una persona que tiene un negocio enorme, porque es alguien que ha conseguido grandes hitos en su carrera y trayectoria profesional, sabes que te estás encontrando en muchas ocasiones con un *pavo real*, una persona que quiere desplegar sus plumas y mostrarle al mundo cómo quiere representarse, como David Bowie en la alfombra roja. Sin embargo, Oprah, que conoce bien esta tendencia, es capaz de hacer sentir a gusto a estas personas, dándoles el protagonismo que buscan y, encima, consiguiendo que hablen tal y como ella quiere.

Una de las cosas que más destaco de su nivel de comunicación, aparte de la escucha activa —en la que profundizaremos más adelante en este mismo capítulo—, es la capacidad de darle a su entrevistado las galletitas del ego. ¿Qué es esto? Es lo que yo he llamado *alimentar a tu público*, sobre todo a estas personas con un ego tan grande, para reconfortarlas y calmarlas. Es como cuando a un perro le das una galletita para que se porte bien o lo premias por haber hecho algo positivo, apaciguándolo y dejándolo disfrutar. En una conferencia en Madrid (España), en una empresa multinacional, provoqué la risa del público al decir que tenemos que considerar perros a nuestra audiencia. Obviamente, no en el sentido peyorativo, sino haciendo esta comparativa de que tenemos que ir dándoles algunas galletitas, algunos premios, para que se sientan reconfortados y a gusto.

Entre risas, en esta conferencia expliqué lo que voy a compartir contigo aquí. A una persona con un ego gigantesco, es importante reconocerle elementos destacables de su discurso haciendo un pequeño alto en esa escucha activa para transmitirle que eso que acaba de decir merece ser enmarcado. Hay muchas formas de poder resaltarlo y Oprah es una maestra. Por ejemplo, en la entrevista del episodio 303, *Intuición, poder y gracia*, cuando está hablando con su entrevistada, hay un momento en el que atiende cómo esta hace una exposición de uno de los términos y, de pronto, dice: «¡Guau! Esto es una frase que podría ser compartida en Twitter, algo que sería una cita célebre». Lo que sucede es que, cuando lo haces de una forma semigenuina —no dudo que Oprah lo haga de manera natural—, este tipo de recursos son muy potentes porque demuestras dos cosas. Lo primero, una habilidad profunda de escucha activa al analizar cada mensaje que sale de la otra persona; pero, además, le comunicas de una manera muy grandilocuente que lo suyo tiene mucho valor, haciéndola sentir bien. Al darle una galletita del ego, premiando al *perro*, verás que la persona que recibe el halago se va a sentir tremendamente reconfortada y a gusto contigo. Al final, esto es lo que buscan este tipo de perfiles, y es lo que debes buscar tú. Eso sí, tienes que analizar muy bien qué tipo de galletitas del ego puedes dar.

También, cuando el invitado tiene un libro, aplica una estrategia que gusta mucho a cualquier autor: que reconozcan su trabajo. Muchas veces, cuando los autores van a medios de comunicación a promocionar su obra, el presentador o entrevistador no conoce su trayectoria. Obviamente, son muchos y es complicado que en todo momento conozcan a quién están entrevistando, porque quizás no es su área de disfrute o no siguen a esa persona. Sin embargo, Oprah (o bien su equipo) analiza muy bien a la persona con la que se va a sentar. Y lo importante aquí es que es capaz de darle cariño al entrevistado con enunciados como «En la página 170 de tu libro dices...», y cita textualmente una frase completa. Automáticamente, al autor se le ilumina la cara y se le dibuja una enorme sonrisa mientras Oprah lee ese fragmento. Pero, además, una vez que termina, hace una reflexión personal sobre el tema en cuestión y consigue hacer suyo parte del mensaje. Conecta de manera profunda con el entrevistado haciéndole sentir no solo que lo ha estudiado y escuchado, sino que además ha interiorizado su enseñanza y la ha hecho propia.

¿Tú sabes lo poderoso y potente que es esto? ¿Tú sabes lo difícil que es conectar con personas con un nivel desmedido de ego y de autobombo, que se aman a sí mismos de una manera tan genuina? Sentarte y ponerte al mismo nivel, aunque no lo estés, tiene un poder inmenso. Piensa en ello cuando estés hablando con tus jefes, con personas con las que quieres cerrar un acuerdo, un negocio, o con cualquiera a quien quieras llevarte a tu terreno. ¿Sabes lo manipulativo que es pararte, reconocer a la otra persona y darle una galletita del ego o un pastel completo? Muchas personas, por orgullo, no son capaces ni quieren hacer esto, pero es algo tan sencillo, tan fácil y tan efectivo. No debemos caer en la adulación; no se trata de hacer la pelota ni de regalarle los oídos a la otra persona. No, se trata de hacerlo de manera sutil. La galletita del ego es delicada, algo que vamos a ir dándole al *perro* continua y suavemente, para hacerle sentir a gusto sin que apenas se dé cuenta. Hasta que, al final, conseguimos que esta persona nos admire y disfrute tanto de estar en nuestra presencia que baje la guardia y esté en nuestras manos.

Para que puedas aplicar correctamente la técnica de la galletita del ego, tienes que seguir una serie de pasos. Lo primero que debes hacer es escuchar atentamente a la otra persona cuando estés hablando con ella. Si has tenido la ocasión de estudiar previamente su trabajo, analiza aquellas frases o ideas que te resulten llamativas para destacarlas y compartirlas con ella más adelante. Si no has tenido esta oportunidad, escucha en el momento presente e intenta encontrarlas.

A medida que la conversación avance, enfatiza todas esas palabras e ideas que te han impactado. Por ejemplo, podrías decir: «Ostras, qué frase tan buena, nunca lo había pensado de esta manera. Tienes razón». No hay nada que le guste más a una persona que sentirse comprendida y que su perspectiva sea valorada. Si has tenido la oportunidad de prepararte con antelación, la conversación fluirá de manera más natural dando pie a intervenciones como: «El otro día dijiste en una entrevista algo que me pareció muy interesante...». A continuación, haz una reflexión personal sobre lo que has escuchado o leído de esa persona, mostrando cómo te ha afectado o inspirado.

El siguiente paso es hacer una reflexión profunda sobre estos elementos que has identificado. Si la persona te ha mencionado en la conversación frases como «Tanto vendes, tanto vales» o «Somos el resultado de las decisiones que tomamos en el día a día», ya puedes introducir una historia o reflexión sobre cómo te han impactado. «Estaba en la universidad cuando un profesor dijo esa frase. Desde ese momento, empecé a rumiar cómo aumentar mi valor gracias a comunicarme mejor y vender mejor mis ideas. Pero, como un joven estudiante que era, nunca me había parado a pensar en que realmente esto era así: que la vida va de venderse a uno mismo». Imagina que tienes al profesor delante y directamente le dices: «Esto me cambió profundamente la vida». La otra persona (el profesor) no es que reciba una galletita del ego, es que va a recibir el menú completo: primer plato, segundo plato y, encima, le das el postre con el café. En cuanto a lo de «Somos el resultado de las decisiones que tomamos», podrías decirle: «Esto debería ser el título de un libro». La persona, cuando oiga que su frase debería ser el título de un libro, se va a sentir muy apreciada y reconfortada precisamente porque habrás dado alimento a su ego.

En resumen, estos son los dos pasos que tienes que seguir: primero, identificar todas aquellas frases y recursos que la otra persona ha dicho con anterioridad al encuentro, o bien en tiempo real; y, segundo, hacer la reflexión sobre lo que tú opinas al respecto, tratando de conectar con la opinión de la otra persona.

Atención, no se trata de añadir un *pero* ni de posicionarte en contra. Si tú dices «El otro día escuché cómo decías la frase «Somos el resultado de las decisiones que tomamos», pero no estoy nada de acuerdo», te aseguro que no hay camino más rápido para el fracaso comunicativo. Te has enfrentado directamente a la opinión y pensamiento de la otra persona. Si quieres hundir una conversación, si quieres separarte de la persona con la que estás hablando y no conseguir absolutamente ningún resultado, tienes que hacer eso. Tienes que analizar y reconocer lo que ha dicho el otro y decirle que opinas todo lo contrario, que no estás nada de acuerdo. Como puedes imaginar, vas a provocar una disrupción enorme, pero no de forma positiva. Te vas a enemistar con la otra persona.

Sin embargo, si te pones a su nivel y dices «Estoy de acuerdo», y haces una reflexión positiva en la línea editorial de ese mensaje, verás que no hay camino más rápido para conectar con el otro, independientemente de su poder, de su aura, de su trabajo, de su personalidad, de todo. Siempre podrás conectar. Este es el poder de las galletitas del ego.

# Escucha activa

Oprah Winfrey no solo entrevista a personas excepcionales y extraordinarias; con el tiempo, ella misma se ha convertido en una de ellas. Es una superempresaria con una productora televisiva y, además de ser líder en los medios de comunicación, constituye una fuente de inspiración para muchas personas. Decir que Oprah no tiene ego sería como negar que el aire es necesario para respirar. Sin embargo, en todas las entrevistas y discursos que he analizado sobre ella, siempre hay algo que me sorprende: la combinación de escucha activa y la galleta para el ego que acabamos de ver.

Centrándonos en la importancia de saber escuchar activamente, algo que a menudo se pasa por alto es que a los seres humanos nos fascina hablar de nosotros mismos. Pero ¿sabes qué es lo que nos gusta más? Que otra persona nos permita seguir haciéndolo. Para lograr esto, siempre debes fomentar un ambiente donde la otra persona quiera seguir hablando y disfrute haciéndolo. Oprah Winfrey lo consigue mediante un profundo y total silencio, manteniendo la mirada en los ojos de la persona con la que está hablando y adoptando una postura corporal abierta. Asiente con la cabeza para mostrar su acuerdo y, de vez en cuando, intercala un «sí» o un *«yeah»* para confirmar que está escuchando atentamente. Esto no solo permite que la otra persona hable más, sino que también la hace sentir cómoda y más dispuesta a compartir su conocimiento e información.

¿Cómo puedes aplicar la escucha activa de forma sencilla y práctica? Imposible. No es fácil porque tienes que luchar siempre contra tus demonios del ego, con tu afán de protagonismo, aunque creas que no lo tienes. Por ello, aquí te dejo diez puntos de buenas prácticas con los que vas a conseguir mejorar la habilidad de la escucha activa:

1. **Preparación mental.** Antes de iniciar cualquier tipo de conversación, prepárate mentalmente para escuchar. Esto implica dejar a un lado tus propias preocupaciones y opiniones para centrarte completamente en la otra persona. Tu objetivo es que el otro se sienta a gusto.

2. **Contacto visual.** Mantén un contacto visual relajado pero constante. Esto no solo muestra que estás escuchando atentamente, sino que también te ayuda a captar las emociones y la comunicación no verbal de la otra persona.

3. **Lenguaje corporal.** Utiliza un lenguaje corporal abierto y receptivo. Asiente con la cabeza, sonríe y utiliza otros gestos que indiquen que estás siguiendo activamente la conversación.

4. **Cero interrupciones.** Haz un esfuerzo consciente por no interrumpir cuando la otra persona está hablando. Si tienes una

idea o pregunta, anótala mentalmente y espera el momento adecuado para hablar. En el momento en que interrumpas con algo propio, has perdido la partida.

5. **Confirmación.** Cuando la persona haya terminado de hablar, trata de crear un resumen de lo que ha dicho y cierra con una pregunta que diga «Es así, ¿verdad?». Esto muestra que has estado escuchando y ofrece una oportunidad para realizar alguna anotación adicional o incluso permitir que la otra persona siga hablando. También puedes hacer un resumen tipo: «Para ver si me ha quedado claro, ya que son muchos conceptos, dices que mejorando nuestra respiración vamos a mejorar nuestro día a día». Y la otra persona podría continuar diciendo «Así es» y seguir aportando información.

6. **Preguntas abiertas.** Utiliza preguntas abiertas para incitar a la otra persona a compartir más. En lugar de preguntar «¿Estás estresado?», podrías decir: «Me gustaría saber más sobre lo que te tiene preocupado estos días».

7. **Pausas.** No temas el silencio. Las pausas dan a la otra persona el espacio que necesita para reflexionar.

8. **Empatía activa.** Trata de ponerte en el lugar de la otra persona, entendiendo no solo

las palabras, sino también las emociones y motivaciones egoístas.

9. *Feedback* **positivo.** A menudo, un simple «entiendo» o «eso tiene sentido» pueden hacer maravillas para validar los sentimientos de la otra persona y profundizar en la conversación. No olvides complementarlo con galletitas del ego.

10. **Reflexión posconversación.** Después de la conversación, toma un momento para reflexionar sobre lo que has aprendido y cómo podrías aplicar esa información en el futuro, dándole valor y poniendo como protagonista a la otra persona.

Como ves, la escucha activa funciona y tiene un papel fundamental en todo tipo de conversaciones. Cada vez que hagas sentir importante a tu audiencia, no solo dándole galletitas del ego como hemos visto anteriormente, sino también escuchando atentamente y demostrándole que de verdad hay una persona interesada en conocer lo que hay dentro de su mente, tu público se relajará y disfrutará sobremanera.

# Resumen del capítulo

1. Todas las personas tienen un ego que necesita ser alimentado para establecer una comunicación efectiva.

2. A la gente le encanta que se reconozca y valore su trabajo.

3. Escuchar atentamente es el primer paso para identificar frases o ideas importantes que luego podrás compartir con la persona con la que estás hablando.

4. Una vez que identifiques elementos que te han sorprendido, debes destacarlos y validarlos. Frases como «¡Ostras, qué frase tan buena!» o «Tienes razón» son útiles en este contexto.

5. Lleva la conversación a tu terreno mediante una reflexión personal sobre los elementos que has identificado, pero evita el uso de la palabra «pero» para evitar confrontaciones.

6. La escucha activa es crucial en la comunicación. Mantén contacto visual, haz preguntas abiertas y utiliza un buen lenguaje corporal para confirmar que estás prestando atención. No temas a las pausas.

# 12. RICHARD BRANSON:

CÓMO JUGÁRTELA CON
TU COMUNICACIÓN
Y VIVIR PARA CONTARLO

¿Cuál es la comunicación de una persona que estuvo en prisión y a la que finalmente la corona británica nombró caballero? Richard Branson, nacido el 18 de julio de 1950 en Blackheath (Londres), es la respuesta a esa intrigante pregunta. Su carisma y habilidades de comunicación excepcionales lo han convertido en un titán en diversas industrias, desde la música hasta los viajes espaciales, todo bajo el paraguas de la marca Virgin. Su enfoque disruptivo en *marketing*, que rompe con las convenciones y captura la imaginación del público, ha sido un sello distintivo de su trayectoria empresarial.

## «A la mierda, lo hago»

Cuando todavía Branson era un estudiante de secundaria y apenas podía posar en una foto pareciendo mínimamente serio, se dispuso a crear un medio de comunicación que tuvo bastante éxito en Reino Unido. El contexto en el que Richard Branson desarrolló, mejoró e implementó sus habilidades era una época convulsa. Las drogas recorrían las calles de los barrios de Londres desde Camden Town hasta Notting Hill; nadie se libraba. La música siempre se había escuchado tranquila y serena con unos Beatles que tocaban con traje hasta que aparecieron crestas y botas de *punk* pisando fuerte por el asfalto. Cuando Richard Branson entraba en su adolescencia, el movimiento *hippie* estaba en su máximo esplendor y el mundo se dirigía hacia una transición de derechos, manifestaciones y libertades. En ese contexto, cuando tenía 16 años, fundó la revista *Student*, un altavoz de comunicación en el que se hablaba de los derechos civiles, la oposición a la guerra de Vietnam y la cultura juvenil. Ese fue el primer negocio de Branson.

Si analizamos su caso, hay algo que nos recuerda a Steve Jobs cuando hablaba con Hewlett. Branson cuenta cómo hacía las llamadas desde cabinas telefónicas para poder conseguir patrocinios y vender publicidad, pese a que, a diferencia de los compañeros y amigos que lo apoyaron en el proyecto, apenas tenía una voz grave y adulta. Es decir, él tampoco puso límites ni se frenó en ningún momento.

¿Crees que esperó a tener la mejor base de conocimiento del mundo? ¿La edad apropiada? Richard Branson no dudó y se puso a trabajar en su objetivo y a convencer a potenciales anunciantes de que invirtieran en un espacio publicitario en su revista.

En esta vida, muchas personas quedan paralizadas ante la acción porque dudan siempre de sus propias capacidades y habilidades. Esto no es una cuestión de desarrollo personal ni de quererte a ti mismo ni nada. Puede ser que te odies, puede ser que no te atrevas y que tengas el desarrollo personal de una persona rota en mil pedazos. Se trata de decir «A la mierda, lo hago» o «*Screw it, let's do it*», como dice el mantra de Sir Richard Branson. ¿Cuántas veces has dicho que no a algo porque no te has atrevido? Una conferencia, una formación, una presentación… Solamente tú sabes a qué has tenido que renunciar. La diferencia entre una persona que no consigue el resultado y Branson es, básicamente, que él siempre cumple aquello que promete. Sin embargo, la ecuación es diferente.

No se trata de decir: «Voy a preparar la charla antes de conseguir que alguien me contrate». Se trata de que primero te contraten y luego diseñas, pules y perfeccionas esa charla para dejar con la boca abierta a todo el mundo. Pero, para ello, hay que lanzarse a la piscina. ¿Cómo, si no, consiguió un niño de 16 años crear un negocio mediático en el Londres estudiantil y tener éxito a su edad, mientras que otros, ya mayorcitos y con habilidades suficientes, no tomaban ni una decisión con determinación? Lo primero: lanzarse. Lo segundo: el efecto de las rayas de los New York Yankees.

Una de mis películas favoritas es *Atrápame si puedes*, protagonizada por Tom Hanks y Leonardo DiCaprio, quien da vida a un estafador que sabe adaptarse y mimetizarse de manera impecable en gran variedad de contextos. Gran parte de lo que este joven es capaz de hacer proviene de las sutiles enseñanzas de su padre. En una escena maravillosa, el padre le dice: «Frank, ¿sabes por qué los New York Yankees siempre ganan?». «No, papá, ¿por qué?», pregunta el niño. «Porque los rivales se quedan mirando embobados las rayas de sus uniformes mientras ellos juegan el partido y lo ganan».

Branson no solo se lanzó con su negocio de medios de comunicación sin tener conocimiento, lo importante aquí es disimular y construir un espejo que refleje exactamente lo que quieres que el otro vea. Esta es también una de las enseñanzas del libro *El arte de la guerra*, de Sun Tzu: «Si eres débil, tienes que aparentar que eres fuerte».

¿Qué estás haciendo para transmitir y comunicar tu fuerza? ¿Qué elementos vas a emplear para conseguir que las personas a tu alrededor se queden embobadas mientras tú trabajas en la retaguardia construyendo aquello que les vas a vender, a comunicar u ofrecer?

En este caso, se trata de parecerlo antes de serlo, una situación que funcionará en la mayoría de las ocasiones mientras construyes el *serlo*. Porque lo peor que te puede pasar es que, una vez que termine la función, se baje el telón y las luces se enciendan, te encuentren desnudo y débil en los camerinos. Al igual que Branson, primero tienes que aparentarlo y luego, trabajar todo lo duro que puedas para justificar, en el más corto plazo posible, esa apariencia. De este modo dejarás a las personas con la boca abierta en un baile de disfraces perfectamente orquestado que habrás dirigido y protagonizado con éxito.

Para llevarlo a la práctica, lo que tienes que hacer es identificar qué situaciones has rechazado por no haber tenido esa capacidad del *efecto estrellas y rayas* en el traje. Una vez reconocidas, sabrás cuándo serán las próximas ocasiones en las que tendrás que aparentarlo y, posteriormente, serlo. A partir de ahí, prepara una serie de opciones con las que puedas deslumbrar a tu audiencia. Puede ser mediante una preparación exhaustiva, una actuación muy correcta o incluso con una vestimenta espectacular. También podría ser un alarde de confianza totalmente imponente.

Piensa que esto es un juego en el que tienes que hacer creer a la audiencia ciertas cosas, aunque no sean del todo ciertas (todavía). Luego vas a estar construyendo, por detrás, todas las bases fundamentales para que, a medida que la persona vaya indagando, las encuentre. Pero, de momento, tienes que identificar cuál será la puesta en escena para poder captar la atención de tu audiencia y conectar con ella.

Esto fue lo que hizo Richard Branson cuando tenía 16 años y lo que continuó haciendo durante su trayectoria, hasta que por fin construyó la reputación que tiene en la actualidad y que también tuvo en sus inicios. Algo similar ocurrió con Donald Trump en los comienzos de su carrera, tal y como hemos comentado en capítulos anteriores. Esta parece ser una tendencia común de comunicación entre las personas exitosas. Siempre transmiten una serie de cualidades que, aunque inicialmente puedan parecer exageradas, trabajan posteriormente hasta desarrollarlas por completo. Así, cuando las personas profundizan, descubren que lo que se comunicó en el comienzo efectivamente era cierto.

Por tanto, diseña muy bien cuáles serán esos elementos que vas a utilizar como ventaja, qué personaje vas a encarnar y cuál será la actuación. Da la mejor función posible apoyándote en ellos. Y recuerda que esto no es una cuestión de ética o falta de ella, ni de valores o ausencia de los mismos. Es una cuestión de realidades, y el mundo funciona de este modo. Con lo cual, tienes dos opciones: o aceptas las reglas del juego, o intentas cambiarlas. Eso sí, si adoptas una actitud contestataria sin entender primero cómo funciona el sistema, ni siquiera tendrás la oportunidad de modificar esas reglas.

## Piensa en grande

Richard Branson, cuando fundó su aerolínea, quería instalar pantallas en los vuelos de larga distancia. En la actualidad es totalmente normal y prácticamente todas las compañías de vuelos internacionales tienen una pantalla de entretenimiento a bordo. Durante tantas horas, el pasajero tiene que entretenerse, lo que favorece la experiencia general y aumenta la probabilidad de que repita. Sin embargo, en aquella época, no era común, por lo que Branson quiso hacer un experimento para probar si esto tenía sentido o no. Se dirigió a varios bancos para preguntarles acerca de la posibilidad de financiar las pantallas en uno de sus aviones y categóricamente le dijeron que no.

Entonces lo que hizo fue, primero, frustrarse y, después, sacar el ingenio disruptivo que siempre ha tenido. En lugar de ir a estos bancos para financiar las pantallas en un solo avión, pensó: «Oye, si no consigo que me financien las pantallas de un avión, ¿por qué no busco que un fabricante de aviones me las incluya de forma gratuita si le pido varios?». Se fue a Boeing, el fabricante de aviones estadounidense, y les preguntó: «Si compro varios aviones en lote, ¿me podrán incluir pantallas en todos ellos?». La respuesta fue: «Por supuesto que sí». Así que, en lugar de buscar una financiación pequeña, volvió al banco para pedir crédito para todos esos aviones y, como iban a operar en nuevas rutas, al final consiguió que le dieran el dinero necesario no para las pantallas, sino para comprar varios aviones que ya las tenían incluidas por parte del fabricante.

Muchas veces, cuando nos planteamos nuestros objetivos comunicativos, tendemos a pensar en pequeño, en el corto plazo, y no vamos más allá. No buscamos las estructuras que nos llevan a pensar en grande. ¿Por qué dar solo una charla, por qué no liderar una reunión? ¿Por qué no hacemos más? ¿Has pensado en multiplicar por diez todos tus esfuerzos? ¿Has pensado en ir a lo grande? Siguiendo la estrategia de Richard Branson, no solo llegué a impartir formaciones de manera recurrente en las principales empresas de España, sino que volé hasta países como Argentina, Chile y México. Gracias a haber pensado en grande y expandirme para crecer obtuve gran éxito formando a personas en diferentes países. De modo que, al final, el mensaje, que es lo importante, va mucho más allá de los límites que te propongas.

Es bueno tener esto en cuenta a la hora de implementar este tipo de comunicación. Fíjate en cómo Richard Branson entendió los roles comunicativos y cuáles eran los intereses del banco, que quería realizar una operación lo más sencilla y rentable posible. Las pantallas del avión no iban a generar directamente un beneficio adicional a la compañía, por lo que el banco lo consideró una situación de riesgo. No obstante, Branson comprendió también los intereses del fabricante, que lo que quería era vender la mayor cantidad de aviones posible. Incluir esas pantallas puede ser hasta un acto de cortesía para Boeing, teniendo en cuenta el plano general. Por lo tanto, cuando estés comunicando, cuando estés liderando una reunión, cuando estés frente a un público, recuerda que tienes que satisfacer siempre los intereses egoístas de cada uno de ellos. Y, para poder lograrlo, siempre puedes pensar en grande. Ahora bien, para ello, tienes que ser capaz de asumir cierta tolerancia al riesgo —un ejercicio no apto para todo el mundo— y tienes que encontrar cuál es tu variable. A partir de ahí, si trabajas de forma correcta, puedes tener un éxito sobrehumano, como en el caso de Richard Branson.

## Marca personal controvertida

Richard Branson fundó la discográfica Virgin Records en 1972. Con ella contrató a los Sex Pistols, una de las mayores bandas de *punk* de la historia, que había sido rechazada por las dos principales discográficas con las que había estado trabajando en ese momento. Lanzó junto a ellos el disco *Never Mind the Bollocks, Here's the Sex Pistols*, un título revolucionario en la época porque «*bollocks*» (testículos, en español) podría ser considerado un término bastante impuro e incorrecto por los británicos de aquel entonces. Durante su promoción, Branson y otras personas que trabajaban con él acabaron siendo detenidos por un breve período de tiempo bajo las leyes de obscenidad del Reino Unido.

A partir de entonces empezó a ganar muchísima fama y atracción porque se había arriesgado y enfrentado a la autoridad, un comportamiento totalmente alineado con el movimiento *punk*. Más tarde, Branson contactó con un especialista en filología inglesa que afirmaba —y estaba dispuesto a declarar en un juicio— que «*bollocks*» era una antigua acepción británica para «sacerdote». Para mayor éxito de Branson, el propio lingüista era sacerdote; por lo que, al final, se salvaron. El punto aquí consiste en jugar, como también hizo Donald Trump, con cierta polarización y cierto margen de riesgo.

A decir verdad, Branson siempre ha actuado al filo del riesgo. No le ha importado arriesgarse, salir mal parado, ser odiado y que los medios y la opinión pública lo señalaran como un rebelde incoherente y, en definitiva, una persona fuera de todo tipo de cánones sociales. No le ha importado, y eso es justamente lo que lo ha posicionado de manera correcta. Al final, le ha salido bien la jugada; aunque no a todo el mundo le funciona igual. Es muy difícil caminar por el filo de la navaja sin llegar a cortarte, pero resulta efectivo cuando uno arriesga todo su capital mediático y lo centra en generar polémica y drama. El hecho de ser detenido por obscenidad y por ir en contra de las leyes del Reino Unido puede llevarte a muchos puntos correctos. En la era moderna, se ha visto con *influencers* contemporáneos como Andrew Tate, quien ganó muchísima atracción por generar polémica e ir en contra del *statu quo*.

La cuestión es que una persona dispuesta a jugarse su marca personal, llevándola al filo de su reputación, puede alcanzar el éxito. Lo difícil es mantenerse después. Cuando te expones y polarizas siempre vas a encontrar seguidores que valoren tu osadía para enfrentarte a las normas y a la mala prensa. Sin embargo, tienes que tener una habilidad enorme para aguantarlo, algo que no todo el mundo es capaz de hacer. Fíjate en las figuras más potentes de la actualidad; todas ellas han polarizado y han ido al extremo, han jugado incluso con la ley. Muchas, cuando lo consiguen con éxito, se posicionan prácticamente como héroes, iconos a seguir con inspiración y anhelo. Pero, si fallas, todo se va hacia abajo. Por tanto, valora muy bien tu tolerancia al riesgo y decide en qué batallas quieres competir. Una vez que lo tengas claro, aprovecha todos los recursos a tu alcance y no tengas ningún tipo de duda a la hora de jugar con la polémica. Siempre que actúes con cabeza y control, esta irá a tu favor.

# Resumen del capítulo

1. Para triunfar a nivel comunicativo, aunque todavía tengas margen de mejora, recuerda que primero tienes que parecerlo y, después, serlo.

2. Encuentra esos elementos que van a hacer que tu audiencia se quede embobada con tu apariencia y construye, mientras tanto, todas las bases de tu actuación.

3. Cuando trates de negociar o de persuadir, nunca olvides satisfacer los intereses egoístas de tu audiencia. Solamente de este modo podrás triunfar.

4. Si tus recursos no son suficientes para satisfacer esos intereses, con base en tu tolerancia al riesgo, atrévete a ampliar el pastel y conseguir el préstamo para varios aviones.

5. Si quieres triunfar rápido y conseguir muchos resultados con tu comunicación, tienes que estar dispuesto a exponerte al límite del riesgo.

6. Lo difícil es mantenerse después a medio y largo plazo.

# 13. CONCLUSIÓN

EL MUNDO en el que vivimos es duro y agresivo. Uno de mis profesores de la universidad siempre nos miraba fijamente a los ojos y, mientras señalaba a la puerta, nos decía: «Ahí fuera hace mucho frío». Quizá alguna vez te has encontrado en una posición en la que has sido víctima, sin quererlo y sin saberlo, de algún tipo de persuasión de las que hemos analizado o, por el contrario, has sido tú la persona que ha infligido estas técnicas. Es importante destacar que la oratoria es como un cuchillo, puede servir para cortar una cebolla y preparar una rica ensalada o puedes utilizarlo para clavárselo a alguien. Depende de la intención del orador. Sería muy hipócrita culpar al cuchillo. La oratoria es, por tanto, una herramienta poderosa. Conocer estos recursos te da la libertad de elegir y la tranquilidad de saber que no lo van a poder aplicar contigo.

Viajo impartiendo formaciones de oratoria y comunicación en empresas de todo el mundo, tanto en Europa como en Latinoamérica, y siempre me encuentro con miradas de incredulidad cuando explico cómo nos están manipulando con elementos simples que nunca fallan. Luego, hasta puedo apreciar en sus ojos cómo de verdad se creen capaces de evitarlos. Pero, cuando les explico lo que he hecho con ellos y desnudo la estrategia, se quedan completamente embobados.

Con el paso de los años he moderado mi discurso. Cuanto más estudio y observo las evidencias de la historia, me sumerjo en los textos de los oradores más antiguos y navego en las letras que nos han dejado los filósofos, más claro tengo que estos recursos de persuasión y poder ya existían. Antes era un idealista que quería hacer del mundo un lugar mejor tratando de divulgar e imponer mi forma de ver la comunicación, pero ahora no. Mi labor, por tanto, ha cambiado radicalmente hacia un modelo de divulgación y prevención, puesto que también hay herramientas con las que puedes detectar estas trampas para ponerle punto final de manera radical o darle la vuelta y sacarle un partido personal. Depende de ti.

Gracias a estos personajes tan reconocidos y brillantes, ya conoces algunos recursos y técnicas fundamentales e imprescindibles para conseguir el éxito gracias a una comunicación estratégicamente persuasiva. No es algo fácil de conseguir, pero, con práctica y trabajo, lo puedes lograr.

A medida que estudiaba y profundizaba en los casos que te he expuesto en este libro, he utilizado estas estrategias por mí mismo, comprobando que son totalmente efectivas. He conseguido que altos directivos acepten una propuesta que *a priori* no valoraban, que algunos empresarios apuesten por una nueva línea de negocio mientras aplicaba la jugada de la inocencia en una comida y que personas de equipos de todo el mundo se impliquen al máximo con las estrategias de compromiso de Musk. Siempre, por supuesto, de forma ética. Aunque la ética es una línea muy fina que cada cual tiene que definir.

Recientemente estuve en Barcelona, junto a unos emprendedores que han utilizado de manera impresionante la jugada de la inocencia y han conseguido, gracias a ella, que grandes empresarios, *influencers* y personas exitosas en diferentes campos se conviertan, de forma gratuita, en sus mentores. Yo mismo pude sufrir en mis carnes cómo aplicaban de manera genuina esta herramienta conmigo. Me sedujeron como una sirena a los marineros, incapaces de no reaccionar ante un sonido tan maravilloso y calmado. Por suerte, siempre estoy alerta y analizando las conversaciones de todos los interlocutores en una reunión. Cuando me di cuenta de la estrategia que estaban aplicando, sonreí, les seguí el juego y disfruté aprendiendo de su forma de crear esa inocencia. ¿Lo tenían planeado? No del todo, aunque sí eran plenamente conscientes. Una vez terminado su encanto de sirena, les expliqué lo que habían hecho con el fin de descubrir si sabían el poder de esa herramienta, muchas veces innata. La respuesta fue: «No lo forzamos mucho, pero sabemos que la gente nos quiere ayudar y se encariña con nosotros». Nunca subestimes a unas personas que parecen pequeñas y que necesitan ayuda (aunque medían casi dos metros).

Ahora es tu turno. Quiero que vayas por la vida analizando todas las conversaciones de las diferentes personas con las que te encuentres. Cada interacción es una oportunidad maravillosa para poder poner en práctica lo aprendido.

En mi primer libro, *Descubre el arte de hablar en público,* te enseño a comunicar de manera efectiva tanto en escenarios como en tu día a día. Son herramientas concretas que potencian tu comunicación y que van a tener un resultado más que positivo en tu vida. Combinar esos recursos con los que has podido aprender en estas páginas impulsará un cambio comunicativo espectacular. Hablamos de que vas a tener una capacidad que no muchas personas poseen: entender la forma de comunicarse de cada individuo y descubrir las herramientas más sucias, y a la vez más efectivas, que conoce el ser humano para desarrollar la habilidad de emplearlas por ti mismo de forma ética y responsable.

Por ejemplo, la herramienta de Elon Musk para preguntar y solicitar algo a alguien es fundamental. Cuando la comparto en mis formaciones, algunos alumnos escépticos me preguntan: «Fernando, ¿qué pasa si el empleado te dice que no?». Entonces sonrío y contesto: «Si un empleado ha sido tan valiente de decirte la verdad, que no llega físicamente a conseguir ese resultado en el tiempo y forma que tú le propones, aun sabiendo que tiene una carga emocional y una deuda creada contigo, tienes que entender que te has pasado». No siempre debemos ni tenemos que forzar a las otras personas a ir al límite de sus capacidades y dejar los cuerpos sin vida. Esto va más allá. La comunicación es un juego a largo plazo donde tenemos que ir sembrando nuestra semilla. Esa intención personal, junto con los objetivos egoístas que nos proponemos, tiene que ir calando en la sociedad para que vaya haciendo mella.

Soy consciente de que este libro no siempre dice cosas que quieres escuchar. Y es normal. Vivimos en un mundo en el que las palabras se ocultan con el fin de no herir sensibilidades, pero esto mismo provoca que la piel deje de hacerse dura, haciendo que hasta lo inocuo llegue a dañar. La mayor parte de las cuestiones en esta vida tienen un sabor agridulce. A nadie le gusta saber que puede estar siendo manipulado o que alguien está abusando de su confianza utilizando ciertos recursos —en muchas ocasiones ya predefinidos— para convencerlo de algo. A nadie. Pero es importante reconocerlo, mirar la realidad de frente, tomar aire y plantarle cara.

Ha llegado el momento de aplicar todo lo aprendido en cualquier situación que te encuentres. Estoy seguro de que estás deseando implementarlo inmediatamente en tu próxima negociación o en una venta. Te recomiendo ponerlo en práctica en todas las conversaciones uno a uno. Tienes que volverte obsesivo con el método. No dejes al azar ninguna de tus palabras y ya verás cómo empezarás a cosechar beneficios que estaban ocultos, esperando a que fueras a por ellos. Poco a poco te irás dando cuenta de todos los elementos positivos que otorga una comunicación óptima, pero también de las bases de la buena persuasión. Utiliza estas estrategias con una gran responsabilidad; ahora todo depende de ti.

# REGALO 2

Descubrir los secretos de persuasión que comparten los líderes empresariales, *influencers* y políticos más influyentes del momento es solo el primer paso. Al terminar este libro, estás más cerca del dominio de una de las habilidades más poderosas en el arte de la comunicación.

Ahora bien, hay mucho más.

Quedan muchas trampas persuasivas, técnicas oscuras y elementos comunicativos que son capaces de cambiar la percepción de quien lo escucha prácticamente de manera inmediata.

Por haber leído el libro quiero hacerte un último regalo.

Te voy a dar un acceso gratuito a mi curso de persuasión, donde no solo profundizarás en las técnicas más avanzadas de persuasión, sino que también aprenderás trucos y estrategias lingüísticas para influir y convencer a los demás.

Para acceder a esta formación, solo te pido un pequeño favor: te invito a dejar tu sincera valoración de este libro en Amazon.

Una vez hayas compartido tu opinión en Amazon, simplemente envíanos una captura de pantalla del comentario al siguiente correo electrónico y mi equipo te proporcionará acceso inmediato al curso de persuasión:
persuasionypoder@gmail.com

# CONOCE AL AUTOR

FERMIRALLES.


**WEBS DEL AUTOR:**
fermiralles.com y sabercomunicar.com

Sígueme en redes sociales para seguir aprendiendo y compartiendo:

**INSTAGRAM:**
@fermiralles (https://www.instagram.com/fermiralles/)
**TIK TOK:**
@fermiralles
(https://www.tiktok.com/@fermiralles?lang=es)
**FACEBOOK:**
@FernandoMirallesOratoria
(https://www.facebook.com/FernandoMirallesOratoria)
**LINKEDIN:**
Fernando Miralles Coll
(https://www.linkedin.com/in/fernandomirallescoll/)
**YOUTUBE:**
Fernando Miralles
(https://www.youtube.com/c/FernandoMirallesOratoria)

# AGRADECIMIENTOS

Martha, mi esposa, gracias por estar siempre ahí, por ser mi inspiración diaria. Tu amor me da fuerzas para ser mejor cada día.

A mis padres, Regina y Fernando, gracias por enseñarme el valor del esfuerzo y la constancia y perseverancia.

Alex, mi hermano y mejor amigo, por ser siempre la piedra fuerte de la familia y un ejemplo de nobleza y persistencia.

Valen, editor y amigo, tu paciencia y consejos han sido clave para este proyecto.

Y a mis alumnos, gracias por motivarme a seguir adelante y por acompañarme en este camino.

EmprenBooks

Made in the USA
Las Vegas, NV
07 June 2025

23324811R00115